受難の子ども

いじめ・体罰・虐待

宮寺晃夫 —— 編著

まえがき

■　受難のアレゴリー

　子どもたちは、家庭や、学校や、地域社会で、さまざまな問題を背負わされています。とくに、「いじめ」や、「体罰」や、「虐待」がまん延する事態は深刻です。本来なら、健全な環境のもとで、のびのびと育てられるべき子どもが、深刻な事態に怯（おび）えながら日々を送り、実際に深く傷つけられています。子ども期という「至福のとき」を、「受難のとき」として過ごしている子どもは、けっして少なくはありません。

　なにより確認しておきたいのは、子どもの受難の根源は普遍的に存在するということです。誰にも降りかかる、どこにでもあることだということです。だからこそ、子どもは「難」が降りかかるのを避けるため、ほかの誰かに、それが降りかかることに無関心をよそおいます。親たちも同じです。それはちょうど、ゴルゴダの丘への道を、重い十字架を背負わされて歩む「あの人」に、誰も手を貸そうとはしなかったのとよく似ています。罪なき人に、わが身の「難」を背負わせている構図を連想させます。それは、受難を暗示する典型的なアレゴリーといえます。

　この構図を、現在の子どもに寄り添って、印象深く描きだすことにより、それを見つめる人に、本当は誰が十字架を背負うべきかを振り返らせたい。少なくとも、受難の構図から目をそらすことなく、受難の重みを、わが身の重みとして分かち合うような姿勢を回復させていきたい。こういう想いで、本書の出版を思い立ちました。

　「受難（パッション）」という言葉は、神学の言葉としてはよく使われます。しかし教育の分野では、あまり使われてこなかった言葉です。本書がこの言葉をタイトルに使ったのは、子どもの問題は、子どもの内面に起因しているのではなく、子どもはただ、問題を背負わされているだけだと考

えるからです。この意味で、子どもの立場は受け身的（パッシブ）です。こうした考え方から、「受難の子ども」を、社会学、思想史、心理学、教育学、哲学、比較法学など多方面から描きだしていきたいと思います。

■ 本書の構成

子どもの受難は、こんにち、待ったなしの緊急事態といえます。そうであるため、かえってその場しのぎの対応策を急いでしまったり、あるいは、教育行政の怠慢を指弾する"事件"として取り沙汰されたりしています。本書では、そうした対応とは一線を画して、子どもの受難を、それが起こっている現場を掘り下げながら、受難の根源に迫っていくことにしたいと思います。

執筆者の方には、「受難の子ども」という共通テーマを提示したうえで、それぞれの専門分野の方法を踏まえて、思い思いに議論を展開してもらいました。そのため、一つひとつの章の内容は、実態の分析に重きを置くものや、解決策を積極的に示そうとするものや、新たな知見を出そうとするものや、多彩です。子どもの保護者の皆さんや、教師や保育者の方に励ましと自信を与えることはもとより、子どもの問題に関心を寄せる研究者、学生の皆さんの知的な欲求にも応えるものとなっている、と自負しています。

全体の構成は、いちおう「いじめ」「体罰」「虐待」「逸脱・排除」の順で配列しましたが、それぞれの章は独立して書かれています。執筆者の立場や姿勢も違っています。編者としては、ある程度の調整をしましたが、全体を同じ基調で方向づけることはしませんでした。ですので、どの章から読んでいただいても結構です。このさい、問題の扱い方の多様性を読み取っていただければ、幸せです（なお、各章に付けた概要は編者によるものです）。

2015年1月

宮寺　晃夫

もくじ

まえがき 3

序章 ｜ 時代と子ども〜「問題行動」と正しく向き合うために 9
宮寺晃夫（筑波大学名誉教授）
1　「問題行動」を定義し直す
2　ともに向き合うということ
3　時代をたどり直す
4　親たちはどういう友だちと一緒だったのか

第1部 ● 子どもといじめ

第1章 ｜ なぜ、いじめは起きてしまうのか 30
苫野一徳（熊本大学）
事例
1　「自我」の欲望
2　自己不十全感
3　逃げ場のない教室空間
4　価値観の多様化
5　いじめはどうすればなくせるか？

第2章 ｜ わが子がいじめにあったとき〜親の視点から 46
石井正子（昭和女子大学）
事例
1　子どもを守れなかった親の心情
2　学校の役割
3　子どもを救うために親ができること

第3章　「いじめ」をとおして、学び、つながる　62
　　　片岡洋子（千葉大学）
　　　　1　学級崩壊といじめの常態化
　　　　2　暴力に訴えるのではなく、話し合う関係への修復
　　　　3　いじめから目をそむけず考えあう
　　　　4　見えやすいいじめと、見えにくいいじめ

第2部　子どもと体罰

第4章　子どものいたずらと罰～罰なき時代の暴力というアイロニー　78
　　　山名　淳（京都大学）
　　　　1　絵本『もじゃもじゃペーター』
　　　　2　「文明化」の進行と忌避される罰
　　　　3　「高度な文明化」時代における子どもの受難

第5章　「暴力のない教育」への法制度改革～ドイツの事例を中心に　91
　　　荒川麻里（筑波大学）
　　　　ケヴィンの事例
　　　　1　法制度の犠牲からの脱却へ
　　　　2　子どもの権利の拡大、親の権利の縮小の原則
　　　　3　ドイツにおける親の体罰権の廃止
　　　　4　世界の体罰禁止法制と子どもの権利
　　　　5　「暴力のない教育」法制化の後に
　　　　6　未来の法制度をつくる子どもたち

第6章　体罰の思想史～教師の体罰はなぜ許されないのか　107
　　　上原秀一（宇都宮大学）
　　　　ペスタロッチの事例
　　　　1　体罰否定の論理

2 羞恥(しゅうち)の罰と自然罰〜ロックとルソー
3 徳育のための体罰と知育のための体罰〜ペスタロッチ
4 学校教育の普及と体罰〜ヘルバルトとデューイ

第3部 ■ 子どもと虐待

第7章 子どもの虐待と母親支援　126
庄司一子（筑波大学）

事例〜子育てのしかたに悩むAさん（32歳）
1 児童虐待と背景要因、母親要因
2 母親支援の実際〜考え方と方法
3 母親支援の今後

第8章 孤立する母親と児童虐待　144
日暮トモ子（有明教育芸術短期大学）

1 社会問題としての児童虐待
2 親権と児童虐待
3 子育て家庭における「母親」の現状
4 孤立する母親への支援をどう展開するか

第9章 児童虐待は家庭の問題なのか〜社会の責任を問う　158
田中理絵（山口大学）

事例
1 家族の変容と自由の増大
2 育児不安と児童虐待の社会問題化
3 個人化と社会的対応の課題

第4部 ● 子どもの逸脱と排除

第10章 女子中学生の逸脱行動
〜何が彼女たちを＜援交＞に誘ったのか　*176*

仲野由佳理（日本大学）

事例
1. 「援助交際」に至る動機
2. 「援助交際」という手段をとる合理性
3. 「援助交際」からの離脱へむけて

第11章 学校に入れない子どもたち
〜北京市における「農民工」の教育問題　*191*

樊　秀麗（中国・首都師範大学）

事例
1. 農民工の子どもと、義務教育政策
2. 農民工の教育の実態
3. 教育を受ける権利の不平等
4. おわりに

第12章 「社会的養護」の課題と問題
〜土屋敦著『はじき出された子どもたち』を読む　*211*

宮寺晃夫（筑波大学名誉教授）

1. 回想
2. 浮浪児と社会的養護

あとがき　*219*
編著者・執筆者紹介　*220*

序章

時代と子ども
～「問題行動」と正しく向き合うために

宮寺晃夫
（筑波大学名誉教授）

■ はじめに

子どもはいつでも「時代の子」である。かつてわたしたちもそうであったし、今もそうである。いったい、わたしたちは今、どのような時代を生きているのであろうか。その時代のなかで、わたしたちと子どもたちは、どのような生き方を余儀なくされているのであろうか。

1 「問題行動」を定義し直す

■ いじめ・虐待・体罰

ときとして、子どもは人権侵害にあたるいじめを受けたり、他の子どもにいじめをしたりしてしまう。親たちもまた、自分の子どもに、常識では

考えられないような虐待をしてしまう。親と教師による体罰も、してはいけないといわれ続けているが、あとを絶たない。

いじめも、虐待も、体罰も、あってはならないことである。しかしどこでも起こりうることである。現に、それらを防止するために、法律や通知がここ2、3年、立て続けに出されている。そうした国の施策が必要とされる時代に、今わたしたちと子どもたちは生きている。どういう施策がなされているかを、まず確認しておこう。

いじめについては、「いじめ防止対策推進法」が成立した（2013年）。児童虐待については、「児童虐待の防止等に関する法律」が改正された（2012年）。虐待問題の根底にある貧困問題についても、「子どもの貧困対策の推進に関する法律」が制定された（2013年）。教師による体罰については、部活の指導教員から体罰を受けた生徒の自殺をきっかけに、「体罰の禁止及び児童生徒理解に基づく指導の徹底について」という通知が、文部科学省から出されている（2013年）。

国によるこれらの対応は、いじめ、虐待、体罰のいずれも、事態が切迫していることの表れといえるかもしれない。そうした事態を受けて、国はあいついで法律や通知を出したのだ。これには少なくとも2つの意義、ないしは効果があるように思われる。

■ 国による対策の効果

一つ目は、「いじめ」「虐待」「体罰」の定義が、国の公式見解として示されたことである。これによって、子どもが当事者として問題に巻き込まれていくような行動（これを以下では「問題行動」と呼んでいく。問題行動は、けっして、問題児・生徒が起こす行動ではない）が同じ標準で捉えられることになり、問題の広がりと深刻さが、いっそう可視化されるようになった。

例えば「いじめ防止法」では、文科省から示されていたいじめの定義の改訂版（2006年）が、あらためて、次のように法律の文言で明文化された。

「この法律において『いじめ』とは、児童等に対して、当該児童等が在籍する学校に在籍する等当該児童等と一定の人的関係にある他の児童等が行う心理的又は物理的な影響を与える行為（インターネットを通じて行われるものを含む。）であって、当該行為の対象となった児童等が心身の苦痛を感じるものをいう」（第2条）と。

いじめがあったかどうかの見極めは、加害者のがわの自覚よりも、加害者と被害者がどのような関係にあったかに、重きがおかれることになった。被害の程度も、「心理的又は物理的な影響」にまで広げられた。ネットいじめが「いじめ」に含められたのも、加害の自覚がないまま、いじめに加担してしまうスマホ時代を見越すと、重要である。

このように、いじめの定義の核心が改められ、適用範囲が広げられたのは意義がある。「虐待」についても、親権の制限を可能にするように定義が広げられている。

法制化のもう一つの意義ないし効果は、いじめ、虐待、体罰の防止に、国と地方の役割が明確にされたことである。例えば「児童虐待防止法」は、2000年に成立してから2004年、2007年に改正されているが、今回の改正（2014年）では、児童虐待の予防と早期発見にくわえて、虐待を受けた子どもの「良好な家庭的環境」の確保のために、国と地方公共団体が、「関係省庁相互間その他関係機関及び民間団体の間の連携の強化……に努めなければならない」（第4条）と定められている。これは、2011年の「児童福祉法」の改正に、親権の停止と親権の代行についての規定が盛り込まれたことと関連している。親をいちがいに「保護者」とは呼べないような事例が、わたしたちの周辺で起きているのである。

ちなみに、児童虐待の件数は、全国で2000年度に17,725件であったが、10年後の2010年度には55,152件となっている。2013年度の集計では、さらにふえて、73,765件に達している。これは、虐待を直接受けた子どもだけでなく、それを目撃した兄弟・姉妹への心理的虐待をも数に入れたためで

ある。いずれにしろ、「虐待大国アメリカ」にせまる勢いであり、もはや、児童虐待は先進国に特有な現象だと手をこまねいてはいられない。

　児童虐待は、子育て支援のシステムが、社会の急激な変動に追いついけないために起きる現象である。経済的なたくわえと、人的なつながり（「社会的資本」と呼ばれる）に恵まれない階層に集中的に起こっている。問題行動、つまり、子どもが当事者として問題に巻き込まれてしまうような行動は、親に責任があるというより、経済的な支援や、ケアサービスなどの見守り支援が十分になされていないなど、国のがわの責任も大きい。

■　公的な対策にはリスクがともなう

　とはいっても、法律や通知の力で、問題行動がどこまで解決できるかといえば、明らかに限界がある。だいいち、法律で定義を定めたり、変えたりすることで、問題が消滅するわけではない。定義の変更は、問題のありかや絞り方をずらしただけである。問題行動の発生原因そのものを消し去ったわけではない。

　また、公共の機関の取り組みが強化されても、問題が起こっている現場に、公的権限が立ち入れない部分は多い。問題の「現場」とは、例えば学校の教室のなかであったり、家庭の居間のなかであったり、インターネットのLINEのなかであったりする。それらは、公的権限ばかりか、外部の人にも閉ざされた場所であり、個人的なコミュニケーションの空間である。そうであるから、防止策を公共の機関に丸投げしていくことには限界がある。リスクもまたある。

　むしろ、国による法律の制定が、いくつかの地方に、管理主義的な規制の強化をうながしてしまっていることに、警戒しなければならない。授業妨害などの行動にたいして、特別教室での個別指導をはじめ、いく段階かの扱いを決めておき、悪質なケースは警察当局にゆだねることも辞さない、などとした規制がそうである。大阪府教育委員会は、凶器の所持や、放火

などの極端なケースを想定して、強硬な方針をいち早く打ちだしている。他の児童・生徒の教育環境を保つためとはいえ、事前にマニュアルをつくり、不都合な児童・生徒を排除する用意をしておくのは、刑法的な発想を教育指導に持ち込むようなものだ。

　こうした管理主義で、正常な教育環境を維持していこうとしても、問題の発生原因そのものは消えない。問題行動は、子どもたちがともに過ごす学級の場で取り組むのが基本である。教師・親・子どもに、「悪いのは問題を起こした当人であり、自分たちには関係ない」といわせてしまうような扱いは、すべきではないであろう。問題行動は、どのようになくしていくかということよりも、どのように向き合っていくかということの方が、重要なのである。

2　ともに向き合うということ

■　親個人の責任ではない

　いじめ、虐待、体罰が今なお根絶されないのには、社会的、歴史的、心理的な背景がある。一つひとつの事例には、法律やマニュアルが想定していないような、個別の理由が絡んでいる。それだけに、事例の一つひとつを、丁寧に扱っていく必要がある。

　以下の諸章では、事例をあげながら、その背景や理由を解き明かしていく。それに先立ち、この序章では、子どもを当事者として問題に巻き込むような行動に、わたしたちがどこまで、ともに向き合っていけるかを考えていこう。

　このともに向き合い、ともに取り組むということが、問題解決への確かな一歩である。子どもの問題が、親の個人的な責任ではなく、社会的な問

題であると見なすならば、それの解決には、人々のつながりがなにより求められる。そのつながりを、今わたしたちはどこまで取り戻すことができるであろうか。その可能性を探るために、わたしたちが生きてきた時代の状況を、振りかえっていくことにしよう。

■　互恵性・互酬性のなかでこそ

　すべての子どもや親が、被害者や、加害者であるわけではない。そうであるから、子どもの問題に連帯して取り組んでいこうと呼びかけても、多くの人には、実感がともなわないかもしれない。人々は、つながりの作法を失って久しい。

　しかし、トラブルに巻き込まれる可能性はだれにもあったはずだし、これからもあるにちがいない。被害者にも、加害者にもならずに済んできたとすれば、たまたま境遇に恵まれたからにすぎない。仮に、自分はそういう幸運な巡り合わせに値する人間だ、などという人がいるとすれば、不遜な思いあがりであり、つながりの作法をこころえていない。

　わたしたちは、自分が生きていく環境を、自力でつくっていくことはできない。だいいち、わたしたちは、どういう人が周りで暮らすことになるかを、あらかじめ決めることができない。それは隣人から見てもいえることで、わたしたちは、たまたまの巡り合わせで隣人となり、地域の住民となったのであり、それでも互いに利益を及ぼし合って暮らしている。そのようにしていくより、社会のなかでよりよく生きていくことができないのだ。このお互いに利益を及ぼし合うつながりの作法のことを、「互恵性」とか、「互酬性」とかという。

　同様に、わたしたちは子どもの教育環境を自力で設計しようとしても、できる範囲は限られている。たとえリスクがともなうことになっても、近隣や地域の人々のなかに、子どもをゆだねるほかない。よりよい教育環境をつくろうとするならば、人びとの互恵的・互酬的なつながりを保つこと

こそが重要である。この意味で、子どもは全て「時代の子」なのであり、親は、たとえよその子に起こった問題でも、多かれ少なかれ関わりをまぬがれない。そういう当事者意識の共有が、取り組みを呼びかけでいくときの前提である。

■ コーホート意識がくずれている

「連帯」とか、「当事者意識」などというと、なにか特別な人たちだけの、内輪の意識に思われるかもしれない。しかしそういうことはない。くだいて言い換えれば、「同じ時代の空気を一緒に吸ってきた者として、問題を他人事(ひとごと)にしていかない」というくらいの気持ちを指している。やや専門的な用語でいえば、「コーホート（同世代）意識」といってもいい。介護保険を例にすれば、この制度は、同じ世代に属する全ての人のなかで、介護を必要としない者が、介護を必要とする者を金銭面で支える、というコーホート意識で成り立っている。元をたどれば、同期生のよしみに根ざしている。

子どものころ、いじめを見て見ぬふりした経験なら、だれにもあるはずだ。ツッパリの友だちに、ひとこと注意をすることができたら、と悔いている人もいるかもしれない。そういう苦い思い出とともに、わたしたちは同じ年代を経てきた。この横のつながりを想い起すことが、子どもをめぐる問題を他人事にしていかないための作法なのである。

しかし、この大事な作法が、いつのころからか薄れてきている。「同じ時代の空気を吸ってきた者として」という意識に頼ることが、以前のようには容易ではなくなっている。コーホート意識が薄れてきているなかで、子どもの問題も、その親が解決すべきだとみなされるようになってきた。後述するように、この変化には時代の大きなうねりが作用している。わたしたちは、時代のうねりに、どこまで抗(あがら)っていくことができるであろうか。

■ 斜めのつながり

　たしかに、子どもの問題で悩む親への支援を、介護保険のように、法の強制力で呼びかけることには無理がある。たとえ同じコーホートに属する者でも、子どもの問題は、当人どうしの支え合いを越えている。親としての痛みを、わが身の痛みに受けとめる共感は、強制的に喚起できるものではない。それはあくまでも内発的なものだ。同世代の親にとって、おたがいの子どもとの関係は、横のつながりというより、斜めのつながりである。

　それだけに、「子どもの問題は、親が自分で始末をつけていかなければならない」とする突き放しを、封じるのはむずかしい。じっさい、「よその子どものトラブルに、自分と自分の子どもは巻き込まれたくない」と、あらわに口にだす人もいる。むしろ、「子どもの幸せは家族単位で護るのが当たり前」とする受けとめが正論となってきている。こうした「家族主義」とでもいうべき傾向が、いつのころからか強まってきた。

■ 家族主義の呪縛（じゅばく）

　子どもの成長を、だれよりも楽しみにしているのが親と家族であるのは間違いない。子どもが起こす問題と、子どもに起こる問題にだれよりも心配するのも、親と家族である。その親と家族に、問題の発生原因を求めたり、責任をとらせたりして、あからさまに追い打ちをかける。家族主義は、そうしたバッシングやハラスメントを容易に誘いだしてしまう。

　子どもの幸せを護るために、親と家族はできる限りのことをしなければならない。それは当然のことだが、この「ねばならない」という義務感が、多くの親を追いつめてしまう。義務感や理想論は、そのようにしたくてもできないでいる親たちがいることを、想定していない。理想論に欠けているのは、弱者と少数者の視点だ。

　少しでも周囲を見渡せば分かるように、こんにち家族のあり方は、家族

構成を見ても、地域的なつながりを見ても、また経済的・文化的な条件を見ても、さまざまである。子どもへの関わり方も、親の働き方によってさまざまである。家族に関する限り、多数派はいない。いるのは少数派の集まりだけだ。そうした多様性に配慮しないで、「子どもの幸せを護るのは親と家族だ」と一律に決めつけてしまうのが、家族主義である。

今わたしたちに必要なのは、子どもへの義務感を述べたてたり、実際にはありもしない理想像を描いて見せたりして、親と家族を必要以上に追いつめないことだ。それがつながりの作法だ。子どもは全て「時代の子」である。子どもをめぐる問題も「時代の産物」である。そういう原点に立ち返り、家族主義の呪縛から解放していくことこそが必要なのである。

3 時代をたどり直す

■「失われた10年（20年）」

多くの親が、子どもの問題で辛い思いをしている。その親たちに、責任を押しつけてしまうように、いつのころからなってしまったのであろうか。

そこで、わたしたちが生きてきたこの時代をたどり直していくことにしよう。このたどり直しによって、「子どもの問題は他人事ではない」という意識がいつごろから薄れてしまったのかを、探っていくことにしたい。

もちろん、転機となった年代を、厳密に特定することはできない。できることは、時代の大きなうねりをとらえていくことぐらいである。それでも、うねりの前と後とを対比することで、わたしたちの時代が大きく変わってきていることが、確認できよう。

ここでの「時代」を、親たちが生きてきた時代というように、あらかじめふちどりを切り取っていくことにすると、およそ1970年代の後半から現

在まで、つまり、「失われた10年、あるいは20年」といわれる、前世紀最後の10年と今世紀最初の10年をはさんで、前後およそ40年がここでの対象となる。親たちが生きてきたこの時代に、いったい何が失われてしまったのであろうか。

■ 2つの国家像のはざまで

　この40年、わたしたちの国はどのようなあり方を目ざしてきたのであろうか。国家が目ざすモデルから見ていくと、つぎの2つの国家像が浮かび上がってくる。「福祉保障国家」と「自立支援国家」の2つがそうである。それぞれの概要を、ざっくり示しておこう。

　人びとの生活には、住んでいる地方の実状や、所属している階層の違いにより、さまざまな開きがある。人々の生活水準に、経済的・文化的・地理的な開きが厳然と存在しているのは事実であるが、格差を少しでも埋めるため、国家が積極的な是正策を打ちだし、財政面での再分配をしていく。これが「福祉保障国家」のモデルである。

　敗戦後わたしたちの国は、全ての国民に、「健康で文化的な最低限度の生活を営む権利」（日本国憲法第25条）を保障する国家を目ざしてきた。全ての国民を保障の対象にすることと、保障の下限に共通の水準を定めたことが重要である。これは、「福祉の普遍主義」と呼ばれることがある。

　それに対して、全ての人や地方に、一律の恩恵をもたらすことよりも、真に必要とされる階層にだけ福祉をもたらして、自助努力をうながし、自立させていく。それが「自立支援国家」である。これをモデルにして、福祉に関わる政策も、全ての人に保障される福祉から、働くことへの意欲につながる限りで受けられる福祉（ウェルフェア・トゥ・ワーク）へと、方針を変えていく。イメージ的にいうと、崖から落ちそうな人を、だれでもしっかり受けとめるセーフティネットを張るよりも、はい上がってくる者に、ロープを投げかけていくことに、福祉の趣旨を変えていく。そのため、

はい上がる努力と意欲を失うと、いっきに貧困層に沈んでいくことになる。福祉のシステムに、自己努力と自己責任を組み込んでいくのである。わたしたちの国は、親たちの時代に、この「自立支援国家」をモデルにして再編成されてきた。

　ちなみに、「貧困層」とは、国家の全ての家族の平均的な所得の半分以下で暮らしている人々のことをいう。現在の日本にあてはめれば、年収137万円以下で暮らしている家族が「貧困」と定義される。家族の貧困が、家庭内での子どもの学習環境と、親子の日常的な交わりを困難にしている。子ども問題の背後に、「子どもの貧困」問題があることも、数値によって可視化されるようになった。教育以前の問題として、福祉の問題が大きくクローズアップされるようになったのも、国家が「自立支援国家」をモデルにするようになってからだ。

■ 時代は大きく動いた

　親たちは、バブル景気の終焉（1991年ごろといわれる）を境目にして、日本型経営システムが揺らぎだしてきたのを見ている。その根幹ともいえる正規雇用制と、終身雇用制が見直され、安定した暮らしの基盤が、全ての人に保障されることはなくなった。これは、不透明な景気の変動と、絶え間のない技術革新のなかで、社会が必要とする労働技能が変化し、労働力市場が急速に流動化したからである。

　また、年金や生活保護などの公費による諸手当も、財源の確保が難しくなり、給付水準を下げている。これも、社会的弱者の生活基盤を不安定なものにしている。

　その一方では、自分の生き方を、自分の負担と責任で切り開いていくことの重要性が強調されるようになった。期せずして、学校教育の目標としても、「自ら考え、自ら判断する」ことが掲げられるようになった。21世紀に入ってからは、障害者への福祉も、「自立支援」の名の下でなされる

ようになり、給付の前提として、本人の自己努力が強調されるようになった。周りの人々に依存しながら生きている人々にも、医療費等で、応分の負担をしてもらうように、支援のあり方が改められてきている。

　生活の支えという面からいうと、親たちが生きてきた時代は、人々が階層や世代や障害のあるなしを超えて、暮らしにゆとりのある者が、ゆとりのない者を支えるという相互扶助のシステムがくずれていった時代にあたる。それにかわり、自立にむかって努力している限りで福祉が受けられる、という「自助」のシステムに切り替えられてきた。国家による「公助」も、人々の間での「共助」もくずれていき、自分のことは自分で支えるという「自助」のシステムに重心が移ってきているのである。

■「行政改革」の名で何がなされたのか

　「福祉保障国家」から「自立支援国家」への移行は、国家が国のすみずみまで、同じ標準の便益を人々に保障することができなくなった、という1980年代以降の世界的な経済不況に遠因がある。また1990年代に、東欧諸国の社会主義体制が崩壊するなかで、日本を含めた西側諸国が、もはや「福祉の保障」という名目で、国家の正当化を図る必要がなくなった、という事情もはたらいている。

　そうした経済的にも、政治的にもグローバルな状況が広がるなかで、国内的には、1980年代の中頃を起点として、「行政改革」の名の下で、さまざまな公営事業に私企業の運営システムが導入され、個人の自己負担が強調されるようになった。国鉄・郵政の民営化や、障害者・無職者への自立化促進などの政策に、それは表れている。

　国鉄の解体と、JRの18法人への分社化（1986年）を例にしてみよう。

　かつての国鉄（正式名称は「日本国有鉄道」）では、北海道でも、東京でも、運賃は乗車距離によって決められていた。車内がガラガラのローカル線でも、東京の山手線と同じ料金で乗ることができたのは、赤字分を国家

が埋め合わせていたからだ。

　だが、国家が埋め合わせていたというのは、正確ではない。じっさいには、都会の路線の黒字分が、赤字路線の維持に回されていただけだからである。つまり、山手線の運賃には、地方の赤字路線の維持費が上乗せされていたのだ。国家がそうした再配分をしたのは、日本のどこに住んでいても、居住地域に関わりなく、全ての利用者を公平に扱うためであった。

　ただ、そのような扱いをするには、国家に相当な財政負担を強いることになる。これを抜本的に改革しようとしたのが、中曽根首相の下で断行された「行政改革」である。

■ フェアー感覚が反転した

　行政改革の狙いは、「大きな政府」としての国家の役割を縮小し、財政負担を軽くすることにあった。この改革の後押しをしたのが、「新自由主義（ネオリベラリズム）」と呼ばれる経済思想である。新自由主義によれば、人々が受ける便益を、国家が一律に保障していこうとすると、人々に、際限なく税の負担をかけることになる。そうした国家に依存する体質を改めて、人々が、自分の生き方を自分で選び、自分で責任を取るような仕組みにすべきだ、とされる。この自己選択、自己負担、自己責任が、新自由主義の合言葉であった。

　新自由主義の経済思想にしたがって、行政改革が進められていくなかで、人びとの意識にも変化がもたらされた。どういうことが公平・公正なことなのか、という人びとのフェアー感覚に、変化が見られるようになったのである。どこに住んでいるかや、どの階層に属しているかに関係なしに、みんなで負担を分け合うことこそがフェアーなのか、それとも、自分が受ける便益については、自分が負担をする（言い換えれば、よその人に負担を回さない）ことこそがフェアーなのか。親たちが生きてきた時代は、人びとの公平・公正感覚が、ゆっくりと、しかし決定的に反転していった時代

である。新自由主義の経済思想は、国家の財政政策だけでなく、人びとのフェアー感覚にも、大きな変化をもたらしたのである。

　子どもを「時代の子」とみなすよりも、子どもの問題を、親の責任に帰していく家族主義が強まってきたのには、こうした時代の大きなうねりがあった。このうねりを根底で引き起こしたのは、いうまでもなく経済の動向である。

4　親たちはどういう友だちと一緒だったのか

■　ウィリスの「三つの波」

　親たちが生きてきた40年は、国内経済の動向から見ると、「前半」「中間」「後半」の三つの時期に区切られる。重工業生産にけん引されて、経済の高度成長の余韻がまだ残っていた「前半」。高度成長が止まり、右肩上がりの時代から低成長・ゼロ成長へと向かった「中間」。新たな成長産業として、IT技術が注目され、それを組み込んだ機器が人々の人間関係を変えはじめた「後半」。

　親たちは、これら三つの時期を、子どもとして、親として、あるいは市民として生きてきた。三つ目の「後半」の時期を、いま親たちは子どもとともに生きている。

　イギリスの社会学者で、青少年文化の研究者ポール・ウィリスは、これら三つの時期に特異的な青少年の行動様式を、「三つの波（ウェーヴ）」に分けて描いている。これを参考にして、親たちがどのような子ども時代を送ってきたかを見ていくことにしよう。ただし、本稿ではウィルスの分析を正確にトレースしてはいかない。正しい情報が知りたい向きには、原文に直接あたることをお勧めしたい。（ウィリスの原文は、Paul Willis, "Foot

Soldiers of Modernity: The Dialectics of Cultural Consumption and the Twenty-First Century School" in: *Harvard Educational Review*, vol. 73, no. 3, 2003. 山本雄二氏による抄訳（「モダニティの歩兵たち―文化消費の弁証法と21世紀の学校」）が、『グローバル化・社会変動と教育２』（東京大学出版会、2012年）に収録されている。以下での引用文は、この抄訳からのものである。）

　ウィリスの描写を見て、自分はそういうたぐいの子どもではなかった、と多くの人は感じるにちがいない。しかし、この種の友だちが身近にいたことは疑いない。重要なのは、こういう友だちと、どのように付き合ったか、あるいは付き合うのを避けたかである。それを想い起すことが、つながりの作法の取り戻しにつながれば、と期待したい。

■「第一の波」の子どもたち

　「第一の波」は、第二次大戦後の復興期から、1970年代の後半までの時期で、工業生産が順調に成長をつづけていた時期である。経済が成長を続けるなか、教育を受ける機会も、義務教育段階だけにとどまらず、高校教育の段階にまでのびていった。日本の場合でいえば、高校進学率は1960年代には50％台だったが、70年代になると、いっきに90％台に達している。

　そうした経済の面でも、教育機会の面でも右肩上がりの時代に、ウィリスが視線を向けるのは、学歴獲得競争についていけない青少年たちである。かれらも、学校での競争に参加させられていた。しかし、努力すればするほど、自分に能力がないことが証明されてしまう。そういうとき、かれらが学んだのはつぎのことであった、とウィリスはいう。「いくら学歴を積んでも労働者階級全体の地位を押し上げることにはならない」ということである（p.91）。

　これはけっして、自分の不勉強を正当化するものではない。むしろかれらは、学校での成績でしか自分の存在価値を誇れない友だちのことを、「ひよわな者」と見なしていた。かれらにとっては、学校での成績以上に

重要な価値があったのだ。それは、どのように下積みの暮らしを強いられても、たくましく生き抜く気概と、自分だけが成り上がればよいとは考えない律儀な仲間意識である。

ウィリスは、この「第一の波」の青少年のことを、親しみをこめて「ラッド（元気のよい奴ら）」と呼んでいる。かれらは、学校的な価値や文化にはなじむことができないで、反文化的なふるまいをしながら、学校時代を送っていた。そのため「怠け者」とか、「問題児」とかと見られてしまうこともあった。しかし、かれらは学校的な価値に反抗しながら、じつは、やがて自分たちが入っていく生産労働の職場への、適応力をつけていたのだ。

企業のがわも、いわゆる中卒、高卒の「就職組」を喜んで受け入れるだけの余裕が十分にあった。そのため、学歴にとらわれずに、たくましさと仲間を大切にする心情とを育んでいくことができた。ラッドたちは、高度成長期の社会を土台で支える、なくてはならない人材だったのだ。

■「第二の波」の子どもたち

ところが、1980年代に入ると、経済の動向が一変する。重工業生産が社会の成長をけん引する時代は過ぎ去り、サービス産業が社会の基幹産業になった。この「ポスト工業社会」のなかで、ラッドたちは自分の肉体と熟練を活かす機会を失ってしまう。「第一の波」のラッドたちが、生産労働に従事するなかでつちかったプライドも、むしばまれてしまう。

社会全体が、工業生産を主軸に回っていた時代には、その社会に参入するのに、どのような勉強と、どのような資質が必要とされるかがはっきりしていた。学校教育が、そのための準備を整えてくれていた。産業社会と学校教育との連携は、能力に応じた人材の配分にも、一定の役割をはたしていた。

能力主義（メリトクラシー）は、「能力」の名で、どのような力が評価されるのかという曖昧さを残しながらも、子どもたちを競争に駆り立て、結

果として、成績トップの者から底辺の者までのピラミット状の序列をつくりだした。この序列は、産業社会での職能の序列に対応するものであった。そこから落ちこぼれていく青少年は、「第一の波」のラッドたちがそうであったように、学校文化に反抗したりして見せていた。

しかし、「第二の波」とともに、子どもたちどうしの間も、たんに学力だけで秩序が保たれるような関係ではなくなった。子どもたちは、自分で自分の生き方を探らなければならなくなり、先行きの不安がストレスとなって、さまざまな問題が「問題行動」として取り上げられるようになった。ウィリスは、「第二の波」の子どもたちの背後に、社会への不信があることをつぎのように指摘している。

「そうした抵抗は自分たちの「社会的孤立」と「社会不信」とを表現しているのであって、第一の波における「単純な」抵抗とは性質が異なるのである。抵抗がある種のむなしさを帯び、病理的でさえあるのは、それが第一の波の伝統的な労働者的文化資源から切り離されており、同時に将来の展望からも切り離されているからである。」(p.97)

■「第三の波」の子どもたち

21世紀に入って、ポスト工業社会の様相が決定的になるにしたがい、それまでの学力や能力のほかに、"生きる力"だとか、"人間力"だとかと呼ばれる、実体がよくつかめない力でも、子どもの価値が測られるようになった。時代は確実に、メリトクラシーの上に、ハイパーメリトクラシーが重ね合わされるような時代に移ってきている。

経済の動向も、半導体の生産と、それを組み込んだ通信機器の販売をめぐる競争によって、やや明るさを取り戻しつつあるものの、文化やコミュニケーションの電子化が、子どもたちどうしの交わりを大きく変えてきている。ウィリスは次のように分析している。

「新しい電子的コミュニケーションが旧来からの感性の共同体に取って

代わりつつあるのである。顔見知り同士が対面でやり取りすることに代わって、いまやデジタル技術によって文字どおり数百のテレビチャンネルが利用可能である。ポストモダン文化の時代の特徴は商品関係のこうした質的な拡大にある。食料、ぬくもり、住まいといった肉体的なニーズに応える商品から心や情緒、あるいは感情表現にかかわる、もしくは精神的なニーズや野心に応える商品へと変化している。」(p.98)

　子どもたちは、肉体労働の現場でも、学力獲得の学校内でも、自分のアイデンティティをしっかり確保していくことが難しい時代に生きようとしている。だれとでもつながってしまうLINEのような、電子通信のネットワークのなかで、自分を表現することを余儀なくされている。この時代は、子どもが問題に巻き込まれる行動に満ちているのである。

■　むすびに

　これから先、この国の経済は、かつての高度成長をふたたび取り戻すであろうか。この国は、福祉の切り捨てから一転して、社会福祉の拡充へと向きなおるであろうか。

　おそらく、そうした見通しは容易には立てられまい。これからの子どもたちの時代は、親たちの時代にもまして、この先どうなるか分からないという不確定性と、いつどんな目にあうか分からないというリスクに満ちた時代となっていくであろう。だからこそ、成功のチャンスもあるのであるが、実際にチャンスをつかむことができるのは、これまで以上に少数者に限られていく。一部の成功者と引き換えに、大半の人は、生涯にわたって不安定な生活を強いられていくことになっていくであろう。

　「不確定社会」「リスク社会」の様相は、もはや一時の過渡的現象ではない。それは、今後ますます現実味を増していくように思われる。こうした社会と国家のあり方の変化が、子どもを問題に巻き込んでいく行動の背後にある。そのことを見落としてはならない。

子どもの問題は、家族がつくりだした問題でも、親が抱え込まなければならない問題でもない。それは時代のなかで産みだされた問題であり、「第三の波」以降の時代には、問題が仮想空間にも拡散してきている。わたしたちが、いっそうともに取り組んでいかなければ、解決していかない。そういう時代に差しかかっていることを、強調しておきたい。

第1部

子どもといじめ

第1章

なぜ、いじめは起きてしまうのか

苫野一徳
（熊本大学）

> **＜概要＞**
>
> 　苫野は、「いじめ」が起きてしまう理由を、人間の本性にさかのぼって明らかにしていきます。その上で、「いじめ」が起きることがなくなる可能性を示していきます。「いじめ」は、人間ならだれでも持っている「私だけは」「私こそは」という人を押しのける欲望が、お互いの関係のなかで、満たされることがないために起こります。この「自己不十全感」を解消するために、他者に対して攻撃的になってしまうのです。特に、学校・学級のような逃げ場のない空間では、標的にされる人が特定されやすくなります。価値観の多様化が進むなかで、学校・学級では互いの価値観の違いよりも、その場の「空気」が読めるかどうかが、問題となります。それだけに、学校・学級を、お互いの承認と信頼の場にしていくことが重要だ、と苫野は論じていきます。

事例

　2011年10月11日午前8時過ぎ、滋賀県大津市で、中学二年生の少年A君が、自宅マンションの14階から飛び降りて亡くなった。教育現場だけでなく、その後の日本社会に大きな影響を与えることになった、いわゆる「大津いじめ事件」である（以下、尾木 2013を参照）。

　加害者となった少年B、CとA君は、もとは仲良しグループだった。しかしそれが、ある頃からいじめへと変わっていくことになる。

　当時、少年たちが通っていた中学では「プロレスごっこ」が流行していた。しかしそれは、やがて少年BによるA君への一方的な攻撃へと変わっていくことになる。やり返すことがほとんどなかったA君に対して、少年Cはこう言っていたという。「イライラする。やられているのにニコニコしてうれしがっているみたいで腹が立つ」と。

　やがて二人は、A君をトイレに誘い出し、頻繁に暴行を加えるようになる。また体育大会のときには、別の生徒も一緒になって、「拘束ごっこ」なるものが行われた。鉢巻きで柵に後ろ手に縛られたA君は、さらに口をガムテープでふさがれ、体中をぐるぐる巻きにされた。

　同じ日、少年Cは、A君の体を押さえつけ、蜂の死骸を無理やり食べさせようともしている。また少年BとCは、A君に、窓から飛び降りるジェスチャーをしながら、「自殺の練習」をするよう強要したこともあった。

　少年BとCから、「死ね、お前の家族全員死ね」と言われた数日後、A君は自ら命を絶った。

この事件からちょうど5年前の、2006年10月11日、福岡県の中学二年生のD君が、「いじめられてもう生きていけない」などと遺書を残し、首つり自殺した（以下、内藤2009、第1章を参照）。

　　いじめには、一年時の担任の教師を含めた、多くの生徒が関わっていた。長年にわたって言葉によるいじめが続けられ、死の直前には、パンツを脱がすいじめがあった。
　　D君の自殺の後にも、加害者たちは、「死んでせいせいした」などと言っていた。「Dがおらんけん、暇や」「誰か楽しませてくれるやつ、おらんと？」という者もいた。

　自殺被害者が出た後でさえ、このように加害者たちに反省の色が見られないことは、実はそう珍しいことではない。後で述べるように、彼らには彼らなりの理屈があり、いじめられた生徒はその理屈に従わなかったことが悪いのであって、そのため「死んでせいせいした」などというセリフが当然のように出てくるのだ。
　いじめはなくならない、とよく言われる。しかし実は、いじめをなくしていくことは十分可能なことだ。いじめはなぜ起こるのか？　この問いに答えることができれば、その根本理由を断つことで、私たちはいじめを「起こさせない」ことが可能になるからだ。そしてその上で、どうすれば具体的にいじめをなくしていくことができるか、考え合うことができるようになるからだ。
　それはいったい、どうやって？
　その具体的な方法を考えるために、本章では、なぜいじめが起きてしまうのか、その根本的な理由を明らかにしたい。
　以下、3つの観点からいじめの根本理由を述べていこう。1つは、なぜ人間が人間である限り、いじめが起こってしまうのか、という点。2つ目

は、いじめを起こさせてしまう学校構造上の理由。そして3つ目は、その社会構造上の理由である。

1 「自我」の欲望

　人間が人間である限り、いじめはどこででも起こってしまう現象だ。
　なぜか？　その理由はひと言で言える。それは、私たち人間が「自我」の欲望を持っているからだ。
　それはつまり、「私が、私が」という欲望のことだ。"私"がこれを手に入れたい、"私"こそが認められたい、"私"こそが愛されたい……。私たちは必ず、こうした「自我」の欲望を持っている。
　この「自我」の欲望のゆえに、私たち人類は、一万年以上にわたる長い戦争を繰り返し続けてきた。
　約一万年前、人類はいわゆる定住・農耕・蓄財の生活を開始した。それは、その日暮らしの不安定な生活を安定させる、人類最初の大革命だった。しかし同時に、それは財や栄誉の奪い合いという、いつ果てるとも知れない戦争の歴史の始まりだったのだ。
　"私"こそが富を独占したい、"私"こそがこの村の支配者になりたい、"私"こそが多くの人から崇められたい……。人類が戦争を繰り返し続けてきた最も根本的な理由は、この「自我」の欲望にある。それは文字通り、あまりに人間的な欲望である。
　動物に、この「自我」の欲望はおそらく（あまり）ない。動物同士の争いは、基本的には勝ち負けが決まればそれで終了する。ボス争いが何度か繰り返されたとしても、それもいわば自然の法則の範囲内でのことだ。敗れた者が、その悔しさを何年も胸に抱え、やがて力をつけてその恨みを晴

らす……というようなことは、おそらくまずないことだ。つまり動物たちの争いは、「私が、私が」という欲望を満たすためというよりは、いわば自然によってプログラムされているだけの、ほとんど本能的なものなのだ。

　しかし人間は違う。私たちは誰もが、「私が、私が」という欲望を持っている。だからこそ、財を奪われたら奪い返したいと思い、負けたら勝ちたいと思い、憎しみがまた次の憎しみを生んでしまうのだ。私たち人類が、いつまで経っても戦争をなくせない最も根本的な理由はここにある。

　これと同じことが、いじめにも当てはまる。なぜいじめはなくならないのか？　それはそもそも、私たちがこの「自我」の欲望を持っているからだ。私たちは、この"私"を何らかの形で腹立たせたり脅かしたりする存在を、排除したり攻撃したりしたくなってしまうものなのだ。

　それは例えば、"私"にとって本当は"うらやましい"人であったりする。"私"の"強さ"をアピールするための、標的であったりする。あるいはまた、"私"を"何かムカつかせる"相手であったりもする（後述するように、いじめの多くはこの「何かムカつく」から始まるものだ）。いずれにせよ、いじめが起こる最も根本的な理由は、私たちがこのように「自我」の欲望を持っているからなのだ。

　戦争もいじめも、どちらも私たちの「自我」の欲望に起因する。「自我」の欲望を満たすために、私たちは何らかの形で他者を攻撃してしまうのだ。

　その攻撃が、大がかりなものになれば戦争と呼ばれる。ネチネチ、こそこそやれば、いじめである。

2 自己不十全感

　では、私たちはいったいどのようなときに、この「自我」の欲望を満たすために人をいじめてしまうのだろうか？
　「自我」の欲望が十分に満たされているとき、私たちは他者を攻撃しようなどと思うことはない。自分で自分のことをちゃんと受け入れられている、人からも認められている、だからひとまずは、自分の人生に満足できている。そう思えていれば、私たちはわざわざ人を攻撃したりいじめたりしようとは思わないはずだ。
　しかしこの「自我」の欲望が十分に満たされていないとき、私たちはふとしたことで、人を攻撃したりいじめたりしたくなる。
　なぜ人は人をいじめてしまうのか？　それは私たちが、「自我」の欲望を満足させることができず、ある種の「自己不十全感」を抱えているからなのだ（苫野 2013）。
　何をしても、親や教師から信頼してもらえない。愛されている実感がない。テストのプレッシャーに常にさらされている……。さまざまな理由から、私たちは日々「自己不十全感」をためていく。そしてこの「自己不十全感」が、いじめの深い動機を形作っていくことになる。
　先述したように、いじめは「あいつ何かムカつく」から始まることが多い。しかしなぜ、私たちはそんなに簡単にムカついてしまうのか？
　それは実は、私たちが自分自身にムカついているからだ。自分に満足していれば、私たちは誰かのしゃべり方や態度などに対して、ことさらにムカついたりはしない。ましてやその相手を、いじめたり攻撃したりすることはない。

「自己不十全感」を抱えているから、私たちは他人のちょっとしたことにムカついてしまうのだ。そこで、ちょっと小突いたり、罵(ののし)ったりしてしまう。すると何となく、自分の方が強く偉くなれたような気がする。「自己不十全感」が、その瞬間、少し晴れたような気がする。
　いじめのサイクルは、こうして出来上がるのだ。
　「大津いじめ事件」で、少年Cは、殴られてもへらへらしているA君を見て、「イライラする。やられているのにニコニコしてうれしがっているみたいで腹が立つ」と言っていた。少年Cは、何らかの「自己不十全感」を抱え、それを埋めるためにA君をいじめていたのではないか。少なくとも、それが一つのいじめの理由であったと言えるのではないか。しかしA君の反応が十分にその不十全感を埋めるものではなかったために、いじめはますますエスカレートしていったのではないか。それを十分に確かめる術はないが、私にはそのように思われる。

3　逃げ場のない教室空間

　以上のように、いじめが起こる最も根本的な理由は、私たち人間が「自我」の欲望を抱えていることにある。その欲望が満たされず、「自己不十全感」をためたとき、人が人をいじめる大きなきっかけが生まれてしまうのだ。
　さて、しかし私たちは、たとえ「自己不十全感」のゆえに誰かにムカついたとしても、その相手と四六時中顔を合わせることがなければ、その人をいじめようなどとは思わないものだ。逆に言えば、ムカつかれた側も、いじめてくる相手から離れることができれば、いじめられるリスクは減るはずだ。

しかし学校・学級という場は、圧倒的に「逃げ場」のない空間だ。多くの子どもたちは、学級という閉鎖的な空間に囲い込まれ、日々、多かれ少なかれお互いの顔色を伺いながら生活を共にしている。そのような場所で、「自己不十全感」をためた誰かが誰かにムカつき、そしてそれがいじめへと発展してしまったとしたら……。いじめが起こる最大の原因、それは、この学校構造上の問題、すなわち「逃げ場のない教室空間」にあるのだ。

　これは実は戦争も同じことである。先述したように、人類は約一万年前、定住・農耕・蓄財を始めたといわれている。それ以前、人類が狩猟採集民族であり遊動民族であった頃、大きな戦争が起こることはまずなかった。争いが起こりそうになったときは、お互いに離れていけばよかったからだ（西田 2007）。お互いに傷つけ合わないために、距離を取る。動物にとっても人間にとっても、これは最も基本的な知恵なのだ。

　しかし、定住が始まって事情は一変した。人類は、お互いに距離を取ろうとしても、それが物理的に不可能な環境を作り出してしまったのだ。

　いじめもこれと全く同じ構造を持っている。もしお互いにお互いを避けることができたなら、いじめをする側はいじめたくてもいじめることなどできない。いじめられる側も、さっさと相手から離れていけばいい。

　しかし今日の学校・学級において、子どもたちは、その最も基本的な知恵さえ働かせることができない環境に置かれてしまっている。そしてそのストレスが、子どもたちにさらなる「自己不十全感」を抱かせ、いじめの連鎖を生んでしまうことになる。

　特に現代のいじめは、いじめをする側とされる側とが、流動的であるという点に特徴がある（尾木 2013）。これまでいじめをしている側だった子どもが、あるとき突然、逆にいじめられる側になる。逆もまたしかりだ。

　それはある意味では当然のことだ。逃げ場のない教室空間に囲い込まれ、ひとたび人間関係が悪化したなら、誰もがそこにストレスを感じてしまう。その「不十全感」は、いつでも、誰の心にも、人を攻撃したいという気持

ちを芽生えさせてしまうものなのだ。

　逃げ場のない教室空間に閉じ込められたとき、そしてその人間関係が必ずしも良好ではなかったとき、子どもたちは一般的に、お互いにお互いをできるだけ傷つけ合わないよう、"空気"を読み合って生活するようになる。何となくその空間にできあがった"空気""ノリ""ルール（のようなもの）"に従って、子どもたちはできるだけ、その調和を乱さないよう生きていこうとするものなのだ。

　それは別の言い方をすれば、子どもたちは、その不確かで移ろいやすい"空気"の秩序を、敏感に感じ取って生きていかなければならないということだ。そしてその秩序に従えなかったとき、いじめのリスクを負うということだ。

　つまり子どもたちは、今日、無秩序のゆえにいじめを行っているのではなく、むしろその暗黙の秩序に従って、秩序に従わないと判断された仲間へのいじめを行っているのだ。

　社会学者の内藤朝雄は、次のように言っている。

　　赤の他人が無理矢理ベタベタするよう集められた学校で、生徒たちは生活空間を遊びのノリで埋め尽くし、そのノリに仕えて生きる。空騒ぎしながらひたすらノリを生きている中学生のかたまりは、無秩序・無規範どころか、こういったタイプの秩序に対して、はいつくばって卑屈に生きている。〔中略〕大勢への同調は「よい」。ノリがいいことは「よい」。周囲のノリにうまく調子を合わせるのは「よい」。ノリの中心にいる強者（身分が上の者）は「よい」。強者に対してすなおになるのは「よい」。(内藤 2009、pp.38-39)。

　いじめが起こるその学校構造上の根本原因、それは、これまで述べてきた「逃げ場のない教室空間」にあるのだ。

4 価値観の多様化

　以下では、さらに深く、現代におけるいじめの根本原因を社会的背景にまでさかのぼって考えてみよう（苫野 2014）。

　実はいじめが最初に「社会問題」化したのは、1980年代半ばのことである。それまで社会は、いじめを今日のような「問題」として、それほど意識してはいなかった。いじめ研究が日本で本格化したのも、ようやく80年代に入ってからのことだ（森田 2010）。

　なぜ、80年代半ばころから、人びとはいじめを認知し、しかもそれを「社会問題」と捉えるようになったのか？

　それはもちろん、「いじめを苦にした自殺」が相次いで報道されたことが大きなきっかけだ。しかしより広い視野から見るならば、そこに大きな社会構造上の変化があったことを指摘することができる。

　今でも、「いじめなんて、どこの世界、いつの時代にもあるものだ」と言う人は多い。それは確かにその通りだ。私たちが「自我」の欲望を持ってしまっている以上、いじめはいつでもどこでも起こってしまう現象だ。

　しかしその内実は、かつてとは少し違っている。少なくとも、現代のいじめには、ある典型的な特徴がある。だからこそ今、人びとは、いじめを「どこにでもあるもの」で済ませることができなくなっているのだ。

　1980年代半ば以降、日本社会を支えてきた価値観は、急速に多様化していくことになった。そしてそれに伴って、学校における人間関係にも大きな変化が見られるようになる。

　かつて、その善し悪しは別として、家庭の収入や学歴等、ものごとの価値にある種の"絶対的"な序列性があった頃、子どもたちは、その序列の

中の自分の「地位」を一定明確に認識していた。社会学者の土井隆義が言うように、「人物評価の基準それ自体は明瞭なものだった」(土井2009、p.14)のだ。

ここにおいていじめと呼ばれるものがあったとすれば、それはいわゆる「弱い者いじめ」のことだった。明確な基準を持った序列の中で、序列上位の者が序列下位の者に対していじめを行う。それは例えば、ケンカの強い子による弱い者いじめであったり、お金持ちの子どもによる、貧困家庭の子どもに対するいじめであったりした。

しかし80年代半ば以降、日本社会の価値観が多様化すると、この序列性が多かれ少なかれ崩れていくことになった。それに伴い、学校・学級の中においても、かつての"人物評価"の基準があいまいになり、クラス内の人間関係に一種の「同質性」がそれまで以上に求められることになった。人間関係に明確な序列がなくなった——少なくとも、なくならなければならないとされるようになった——ことで、同じ学級内の子どもたちもまた、互いに「同質」であることが求められるようになったのだ。

もちろん、その程度は地域や学校によってさまざまだ。右に述べたような現象を、安易に一般化するのは早計だ。しかし、多くの研究が明らかにするように、今日、多くの子どもたちは、閉鎖的な空間の中でますます同質性の中に沈み込み、その中でできるだけ摩擦を起こさないよう、"空気"を読み合いながら学校生活を送っているのだ。

それはある意味では、「一皮むけば簡単に傷つきやすく、じつは非常に危うい関係」(土井2009、p.22)だ。少しでもその同質性が侵されたと思われれば、侵した者は容易にいじめや排除の対象になってしまうからだ。

ここでは、ケンカが強いとかお金持ちだとかいったこと以上に、"空気"や"ノリ"が物を言う。現代においていじめをしている子どもは、必ずしもケンカの強い子どもというわけではなく、むしろごくごく普通の、しかし「自己不十全感」をためた子どもたちなのだ。同質性を確認し合う

ことで仲間意識を抱いているごく普通の子どもたちが、その同質性の"空気"や"ノリ"を乱した仲間を、執拗にいじめているのだ。

　実際、今日のいじめは、疎遠な間柄や日頃から仲の悪い子どもたち同士で起こるというよりは、「よく遊ぶ友達」の間で起こることの方が、圧倒的に多いことが確認されている（森田 2010、pp.90-91）。今日のいじめは、「同質な者どうしによる常時接続の息苦しさに風穴を開けようとするもの」（土井 2009、p.21）として起こっているのだ。

5　いじめはどうすればなくせるか？

　以上、いじめの根本原因を3点挙げてきた。

　1つは、そもそも人間が「自我」の欲望を持ってしまっているという、いわば人間本性的な原因だ。そのために、私たちはしばしば「自己不十全感」を抱くことになる。そしてこの「自己不十全感」が、私たちを他者攻撃やいじめへと向かわせる、最も根本的なきっかけとなる。

　2つ目は、「逃げ場のない教室空間」だ。「何かムカつく」相手がいても、あるいは自分を傷つけてくるような相手がいても、子どもたちはこの教室空間から逃れることがなかなか許されない。その「常時接続」の苦しさが、子どもたちの間にいじめをまん延させる大きな要因となっている。

　3つ目は、社会における「価値観の多様化」だ。価値観が多様化したことで、子どもたちの間の目に見える明確な序列が崩れ、代わって目に見えない"空気"が集団を支配することになった。そしてこの不確かな"空気"によって、いじめをする側とされる側もまた、不確かに入れ替わることになったのだ。

　さて、以上のようにいじめの根本原因が明らかになれば、私たちは、で

はどうすればいじめをなくしていけるか、さらに言えば、いじめを「起こさせない」ことができるか、考えていくことができるようになる。以下、その方途を少しだけ論じておくことにしたい。

3つ目の、「価値観の多様化」についてから述べていこう。

言うまでもないことだが、価値観の多様化それ自体は、本来望ましいことだ。近代以前、個々人の価値観は、家族や共同体に縛られ、今と比べれば圧倒的に自由ではなかった。好むと好まざるとにかかわらず、お上に忠誠を尽くし、親の決めた相手と結婚し、代々同じ職業を続ける、といったことが、当然のこととされていたのだ。そこには、言論の自由も、思想信条の自由も、財産や時に生命の自由さえもなかった。それゆえ、価値観の多様化それ自体を、私たちは手放すことはできない。

とすれば、私たちは、1つ目と2つ目の根本原因に、何らかのアプローチをかけていく必要がある。

2つ目の、「逃げ場のない教室空間」について考えてみよう。

社会の価値観は多様化しているのに、学校はその多様性を、いまだ一つの空間・様式に、いわば囲い込んでしまっている側面がある。価値観の多様化が進展している一方——あるいは進展させなければならないにもかかわらず——学校・学級は、その多様性を許さない"空気"を持った、閉鎖的な空間になってしまっているのだ。

それゆえ必要なのは、「人間関係の流動性」である。過度に同質性を求められる集団の中で、時に"サバイバル"しなければならない空間に子どもたちを閉じ込めるのではなく、「人間関係の流動性」を一定担保し、同質性から離れられる機会を担保する必要がある。

その具体的な方法については、ここで詳論する余裕はない（この点については、苫野2013、2014を参照）。しかしいずれにせよ、私たちは、いじめようとしてもいじめられない、そしてまた、いじめてくる人たちから離れられるような仕組みを、学校において作り出す必要があるだろう。

次に、1つ目の「自己不十全感」について考えてみよう。

ここで挙げたいのは、「承認」と「信頼」というキーワードだ（苫野2011、2013）。

私たちはなぜ、「自己不十全感」を抱いてしまうのか？　それは結局のところ、私たちが自分自身に不満を抱いているからだ。

ではなぜ自分を認められないのか？

それは、人から認められているという実感を、十分に得られてないからである。

一般に私たちは、無条件の愛情や承認を、まずは親から与えられる。その承認の経験を通して、私たちは、「大丈夫、自分はちゃんと愛される存在だ、認められるに値する存在だ」と思えるようになる。

しかし残念ながら、どんな親も皆、自分の子どもたちにそうした愛情や承認を与えられるわけではない。子どもを愛せない親、虐待をする親、あるいは行きすぎた期待で子どもを押しつぶしてしまう親もいる。親のいない子どもたちも大勢いる。

また学校では、子どもたちは時に厳しい管理や競争にさらされる。それは子どもたちに、ひどいストレスと「自己不十全感」を抱かせることになる。

管理というのは、多くの場合相手を「信頼」していないからこそするものだ。放っておいたら失敗するんじゃないか、変なことをやらかすんじゃないか、そう考えるから管理しようとするのだ。どうせお前たちは校則を守らないだろう、どうせお前たちは人の物を盗むだろう、どうせお前たちは厳しく強制されないと勉強なんてしないんだろう……。そのような隠れたメッセージを受け取った子どもたちは、ますます「自己不十全感」をためていくことになる。

信頼されてない、と思うと、私たちは、自分は信頼されるに値する存在なんだ、とは思いにくいものだ。その結果、ストレスや「自己不十全感」はどんどんたまっていくことになる。

当たり前のことだが、私たちは信頼されないと、信頼に応えようと思うことはない。むしろかえって反抗的になり、人や自分に不満をためていくものだ。

　しかし私たちは、承認され信頼されると、その信頼に応えたいと思うものなのだ。特に子どもや若者は、多くの場合、承認され信頼されると、それに値する自分になりたいと、自らを成長させようとするものだ。そして承認され信頼される経験が十分にあれば、子どもたちは、自分のこともまた認めることができるようになり、不必要に「自己不十全感」を抱くこともない。

　だからこそ、私たちは学校をもっと承認と信頼の空間にしていく必要がある。先述したように、全ての親が、子どもたちを無条件に愛し承認できるわけではない。だからこそ、学校はそうした承認や信頼の砦(とりで)であってほしい。私はそう考えている。

　ここで詳論する余裕はないが、そのためには、過度の競争や序列化を、できるだけ緩和していく必要がある。また、教師ができるだけ子どもたちを信頼・承認するばかりでなく、教師もまた、教育委員会や保護者、また世間一般から信頼・承認される必要がある。そのようにして、学校全体を、できるだけ信頼・承認の空間にしていく必要がある（その具体的な方途については、苫野2014を参照されたい）。

　「いじめはなくならない」。私たちは、そう言ってあきらめてしまう必要などはない。いじめの根本原因を探ることで、私たちはその原因を、根元から断ち切ることができるはずなのだ。その具体的な方途を、私たちは知恵を出し合って見出し続けていく必要がある。

【文献一覧】

尾木直樹 (2013)『いじめ問題をどう克服するか』岩波書店

土井隆義 (2008)『友だち地獄:「空気を読む」世代のサバイバル』筑摩書房

土井隆義 (2009)『キャラ化する/される子どもたち:排除型社会における新たな人間像』岩波書店

苫野一徳 (2011)『どのような教育が「よい」教育か』講談社

苫野一徳 (2013)『勉強するのは何のため？:僕らの「答え」のつくり方』日本評論社

苫野一徳 (2014)『教育の力』講談社

内藤朝雄 (2009)『いじめの構造:なぜ人が怪物になるのか』講談社

内藤朝雄・荻上チキ (2010)『いじめの直し方』朝日新聞

西田正規 (2007)『人類史のなかの定住革命』講談社

森田洋司 (2010)『いじめとは何か:教室の問題、社会の問題』中央公論新社

第2章

わが子がいじめにあったとき
～親の視点から

石井正子
(昭和女子大学)

<概要>

　親は、心配の種をかかえながらも、わが子を学校に送り出します。たとえ、学校でいじめに遭うことになるとしても、子どもが引きこもって、同年代の子どもから切り離されてしまうよりはましだ、と考えてしまうのです。「学校なんかに行かなくてもいいよ」とは、なかなか言い出せるものではありません。そうした親の心配に寄り添いながら、石井は、「それでも親にできることは何か」と問いかけます。石井は、学校でのいじめによって、わが子を自死に追い詰められてしまった親の悔恨を、たんねんにたどっていきます。なぜ、あのときわが子の苦しみを分かってあげられなかったのか、と。しかし、中学生ともなると、親にもわが子の内面はよく見えなくなります。それだけに、さまざまな人が、さまざまなところで子どもに関わりあっていくことの大切さを、石井は強調します。石井は、教育の多くの機能が学校に集中し過ぎていることを、問題だとしながらも、学校に頼らざるをえない親の気持ちにも理解をしめしています。そこで、親たちに、「学校にもっと足を運ぶこと」をすすめるのです。

事例

Y：N中のころは、本当に学校がつまんなかったなあ。クラスでは、いつもAやBたちに『キモイ』とか『ウザイ』とかしつこく言われ続けてたし、部活に行ったら部活に行ったで、先輩たちが俺ばっかり標的にして乱取りの相手させられて。物とかかくされることもあったしなぁ。

母：えっ、それっていじめられてたって事じゃないの？

Y：うーん、今思えばいじめられてたのかもなあ。そのころはそういうふうには思ってなかった。いざとなったらきれて暴れてやればいいやって思ってたし。

（母は、次男のYが学校で「キモイ」とか「ウザイ」とか言われてたなんて、今の今まで知らなかった）

母：だってお前、21歳のこの日まで、そんなこと一言も親に話さなかったじゃない。A君て、3人兄弟全員スポーツ万能、成績優秀、N小ではいつも全校表彰常連だった〇〇家のA君？

Y：そうだよ。あいつんち、兄貴も、弟も何やらしても一番だからAぐらい勉強できても褒められねえんじゃね。そういえば、兄貴と弟は中学から私立行ったんじゃなかったかな。

母：ふーん。だけど、A君があんたをいじめてたなんて驚きだー。

Y：おふくろはさあ、頭いい子にすぐだまされんだよ。勉強できたって性格悪い奴はいっぱいいるじゃん。

母：それから、あのころ、しょっちゅう体操服やら上履きやらなくして買わされてたのは、あんたがだらしなかっただけじゃなくて、隠されてたわけ？

Y：うん、失くしたのもあったけどさ。あと、上履きを便器に突っ込まれてションベンかけられたこともあった。そしたら捨てるしかないじゃん。
母：時々理由もなくきれて手がつけられなくなりますって先生に言われたのは、我慢できなくなったときに暴れてたってこと？
Y：まあ、そうだったのかもな。
母：何でその時言わないのよ！
Y：言ったらおふくろ、騒いだだろ。
母：そりゃあ、黙っちゃいないわよ。
Y：だから、言えるわけねえじゃん。それに、いじめられてるって意識は無かったし。

■

　親たちはたいがい、自分の子どもはいじめられて死ぬほどやわではないと思っている。
　子どもに自殺された親のように……。
　親たちは自分の子どもをいじめられっ子だとは思っていない。たしかに弱いところはあるけど、まさか死にはしないと思っている。ほとんどの親はたとえいじめがあったにせよ自分の子どもがいじめられなければいい、と思っている（鎌田慧 2007、p.270）。

1　子どもを守れなかった親の心情

■　命に代えても守りたいもの

　大多数の親が、わが子を授かった至福の時に、命に代えてもこの子を守りたい、かなうならあらゆる苦しみを遠ざけ、幸せな未来を与えたいと願

うことだろう。

　遠く離れてひとり立ちし、手が届かない場所に行ってしまったのならともかく、せめて親が庇護できる子ども時代は、わが子を苦しみから守り、困難から助け出したい。しかし、彼がいずれ社会に出て、自分の足で歩いていくためには、親がつないだ手を放し、後ろ姿を見守らなければならない。

　「怖がらなくても大丈夫、母さんが見ているから」「逃げなくても大丈夫、父さんが助けに行くから」。そう言っておそるおそるつないだ手を放し、わが子を「学校」という最初の社会に委ねる。学校は親に代わって未熟な雛を守り、安全に巣立ちの練習をさせてくれる場所であり、自分たちもかつてはそこで、未知の世界と新たな知識に出合い、同世代の仲間と共鳴し、自我のぶつかり合いによる争いを経験しながら、集団生活のルールと世の中を生き抜く術を身につけた。大丈夫、きっとたくさんの友達ができるよ。みんなで遊ぶのは楽しいよ。先生は優しくて、悪いことをすると怒るけど、頼りになるよ。親は半ば自分に言い聞かせながら子どもの手を放し、とまどい、たたずむ子どもの背中を押して、学校へと送り出す。

　しかし、学校に預けた子どもの姿はいつのまにか親からは見えなくなり、見守ろうにも、助けようにも、手の届かない場所に紛れ込んでしまう。

■　いじめによって子どもを自死に追い込まれた親

　「私がお会いした14人の親御さんは、人にいわれるまでもなく、四六時中どうすればよかったかを考え抜いている」（鎌田慧 2007、p.vi）。

　東京都中野区の鹿川裕史君が「このままじゃ『生きジゴク』になっちゃうよ」という強烈なメッセージを遺書に書き記して亡くなった1986年以降、いじめを無くすためのさまざまな取り組みが提言されてきたにもかかわらず、いじめを苦にして自らの命を絶つ子どもは後をたたない。2011年10月大津市で起きたいじめによる中学2年生の自殺事件が、社会問題として取り上げられるに至った経過は、この間に報道された何件もの「いじめ自

殺」事件と同じで、つぎのようなものであった（事例の記述は「大津中2いじめ自殺」共同通信大阪社会部2013からの抜粋）。

①学校でいじめがあり、被害者となった生徒が追いつめられて自死する。

②子どもを亡くした親は、子どもが亡くなった直後、その事実に混乱し、後悔に打ちひしがれ、自らの子どもへの対応に原因を求め周囲には「そっとしておいてほしい」と望む。

　　健次が飛び降りて亡くなった日、父は学校に「そっとしておいて」と伝えていた。遺体を病院から引き取り、すぐに通夜、翌日には告別式を親族だけでひっそりと執り行った（p.78）。

　　「母親失格なんです。一番母親を必要としていた時期だったのに」。キッチンのわきに立って母親がポツリポツリと話した。

　　健次のことを思い出すと涙が止まらなくなる。自分の子どもが死ぬなんてありえないことだった。何であのとき、あんなことを言ったのか、何で怒ってしまったのか、後悔ばかりが先に立ってしまう（p.77）。

③学校はいじめの事実を自殺の前に確認できなかった、あるいは、いじめがあったとしても自殺との因果関係は不明だとして、事件を個人の問題として処理する。

　　自殺の当日、記者会見で校長は「現時点でいじめは把握していない」と語っている（p.79）。

④遺族は、自死に至った子どもの心情を理解しようと、生前の子どもの姿に向き合う中で、子どもがいじめられていた事実に直面する。そして、学校で何があったのか、どのような経過で子どもが死に追い詰められたのか明らかにしてほしいと望む。

自殺の翌日、健次の祖父母が経営する銭湯を生徒の親が訪れ告げた。「健次君はいじめ抜かれて死んでいったんやで。知らないのは被害者の親と加害者の親、そして学校の先生だけ」（p.75）。

⑤すでに調査を打ち切り、事件を収束したいと望む学校は、親の訴えを正面から取り上げることはない。

　「男子生徒はいじめを受けていたが、自殺との因果関係は判断できない」。自殺の約3週間後、市教委は記者会見で、アンケートと聞き取り調査の結果を公表した（p.66）。

⑥あちこちに相談した親の主張をメディアが取り上げるようになり、警察が告訴を受け付け、問題が大きく報道される。

　健次の死後、父は心に誓った。健次を守れなかった大きな後悔を胸に残された二人の姉を責任を持って育てあげること、そしてもうひとつは、健次の代弁者となって彼の無念の思いに応えていくことだ（p.77）。

⑦事件が注目を集めることによって、自殺前にあったいじめの事実、学校の対応が徐々に明らかにされ、学校や教育委員会が非難の的になる。

　繰り返される一連の流れは、子どもを亡くした親が「わが子の死を無駄にしたくない」一心で、失意の底から力を振り絞って学校に真相の究明を求め、二度と犠牲者を出さないように取り組んでほしいという思いで起こした訴えが、次の事件の予防につながることの難しさを裏付けている。
　子どもを助けられなかった親は、おそらく、自らが死を迎えるまで自分を責め続けることをやめない。無念を抱えて自死を選んだわが子の思いを

知りながら、加害者の子どもや、適切に対応してくれなかった学校を許す日は、決しておとずれない。しかし、子どもを失った後の苦しい年月を過ごす中で、自分を責めても、加害者や学校を非難しても（たとえ裁判で勝訴したとしても）、その苦しみがわずかばかりでも癒されることはないことは分かっている。唯一微かな救いがあるとすれば、それは、この体験がわが子と同様に苦しむ子どもたちを助けることに、いくばくかでも役に立ったと実感できたときではないであろうか。

愛知県西尾市の大河内清輝君は、1994年に、壮絶ないじめの内容の一部始終を家族宛の遺書に書き残して自死したが、清輝君の父の大河内祥晴氏は、いじめで自殺する子どもを一人でも減らそうと、自治体の「いじめ相談員」や文部科学省の「いじめ問題アドバイザー」を務める傍ら、講演等を通じて、学校でのいじめを防ぐ重要性を訴え続けている。清輝君の死後、全国で同様の自殺が増え続けたことを受け、大河内氏は手記を発表している。手記の中で、「清輝のように何かを残してみんなにわかってもらおうと思ったら、それはとんでもない間違いです」と述べ、最後に「君たちの苦しさを話してほしい。今の気持ちをなぜ人に言えないのか、教えてください」と呼びかけている。大河内氏はこの手記をきっかけに、手紙のやり取りをしていた子どもたちについて次のように語っている。

「清輝を失った私たち夫婦にとって彼らは生きる支えでした。そのうち少しずつ彼らの苦しみを理解するようになりました。同時に清輝の当時の苦しさや気持ちが少しわかった気がしたのです。彼らは私たちに笑顔をくれて、いつのまにか彼らとの出会いが私を救ってくれていた。今でも本当に感謝しています」。

大河内氏が苦しみの渦中で、助けを求めてきた子どもたちに手を差し伸べたとき、彼らが与えてくれた笑顔が唯一の支えであったことは、救いに至る道が、わが子の命とともに断ち切られた全ての人への信頼を、結びなおす作業だからなのかもしれない。

2　学校の役割

■　「学校に行かない」選択は子どもにとって救いなのか

　「死ぬほどつらい思いをしてまで、学校に行かなくてもいいんだよ」という親の言葉に救われたという子どもがいる。しかし多くの親は「いじめ」と同じくらい「子どもが学校に行かないこと」を恐れている。わが子が同世代の群れから一人だけ離れて家に閉じこもっている状態を、冷静に見守れる親は少ない。

　子どもにしてみても、一番に望んでいるのはみんなと一緒に学校に行きたいということであり、一人でいるのは寂しいという気持ちがある。同世代の仲間を求める気持ちは本能的に備わったものと考えられ、生後5カ月の赤ちゃんですら、大人に対するよりも同じような赤ちゃんに対する働きかけを活発に行おうとする。

　『沈黙の町で』(奥田英朗 2013) という小説の中で、名倉祐一という中学2年生の少年は不良には金品をたかられ、テニス部の仲間にはあいさつ代わりに暴力を振るわれ、さらに後輩や女子にもいじめを受け続ける。彼は誰かに助けを求めるわけではなく、逃げるわけでもなく、ときどき空想の世界で兄や弟と会話をしながら独り言をつぶやき、周囲からは不気味な存在として見られている。そして、どんなに疎まれても仲間の後をついて回り、さんざん言いなりに金品を貢いだあげく、部室の屋根から木に飛び移ることを強要され、失敗して転落死する。祐一を失った母親は、謝罪に訪れた校長に対して、全校生徒に作文を書かせ、それを自分に見せてほしいと要求する。さらに、届けられた作文の中で唯一率直な気持ちを書いてくれたと思われる女子生徒、安藤朋美に会って話を聞くことにする。「もし

祐一が生きていて、何か忠告できるとしたら、安藤さん、どんなことを言う？」という母親の問いかけに対して、朋美は「名倉君は集団生活が苦手だったと思います。だからそういうところを直したらみんなの中に溶け込めたんじゃないかと思います。」「なんていうか……、場の空気を読むことがあまり得意じゃなかったと思います」と答える。母親は「そう、甘やかして育てたものね。一人っ子だから、家の中に競争相手がいないし、けんかや仲直りの経験も少なくて、それで空気が読めない、今だとケーワイっていうんでしょ。おばさんそれくらいは知ってるのよ。そうか祐一はケーワイだったのか」と応えて、ふいに深い悲しみに襲われる。そのとき、祐一の母親は気づいてやれなかった、たとえ気づいていても、どうしてやることもできなかったわが子の底知れぬ深い孤独を、感じ取ったに違いない。

　祐一がなぜ、過酷ないじめを受け、軽蔑され続けながらテニス部をやめず、不良仲間とのつながりも断ち切らなかったのか、なぜ彼自身が空想の世界で作り上げた兄や弟が、別の人格として、互いに話しかけたり、答えたりをし始めたのか。それはいじめられることよりもさらにつらいことが、誰にも存在を認められずたった一人で生きていくことだからなのではないか。死ぬほどつらいいじめを受けても、なお学校を休まない子どもにとって、一人ぼっちの孤独に耐えることもまた、死に匹敵する辛さを与えるものなのだ。

　そして親は、一時的に子どもの孤独の辛さを緩和することが出来ても、結局のところ、友達を求める子どもを救うことはできない。学校を休むことでいじめから逃れることが出来たとして、その先に新たな仲間との出会いが無ければ、今度は孤独が耐え難い辛さをもたらすだけだ。

　わが子の死を防げなかった悔しさを胸に、長年子どもたちの気持ちに寄りそう活動を続けた大河内氏は「私が伝えたいのは『君を救ってくれる出会いはこれからの人生で必ずある』ということ」と述べる。いじめの辛さと同時にその深い孤独を理解しなければ、子どもを絶望の淵から連れ戻す

ことはできない。

■ 「平凡」を教育してくれる場所

　学校を信じて全てを委ねる以外に、子どもたちが社会生活に適応し、自立を果たす術(すべ)を教える方法はないのであろうか。たとえどんなに学力が高くても、非凡な才能があっても、仲間と協調し、上手にコミュニケーションをとる力がなければ、社会に適応して自立した生活を送ることは難しいであろう。

　戦前か、敗戦直後に生まれ世代の多くは、学校とは異なる場所で巣立ちの準備をしていた。「子ども達は家の片隅のままごとから始まって、徐々に字(あざ)程度を単位とする遊び仲間、そして村の規模での若者組へと年齢に応じてより大きな集団に所属しながら成長していく」(石川雅信 2008)。かつて日本人の多くが暮らした村落社会では、若者の教育は地域社会が担っており、学校は子どもの教育の全てをゆだねる場所ではなかった。

　民俗学者柳田国男は、若者を教育する方法を「平凡教育」と「非凡教育」に大別した。「非凡教育」は書物を読むこと、すなわち「学校教育」を指し、競争を奨励し、他より優れていることを求める。これに対して「平凡教育」は、村落社会で行われてきた教育で、周りの人々と同じように秩序を乱さず、一人前に生きる能力の養成を目指すものだという。そこで最も嫌われるのは、自分勝手、横着、自分さえよければいいという態度、人に迷惑を与えて省みないという行為である。年長者を見習い、土地の慣習、先例に従う日常の慣習を通して行われる教育である。柳田は「平凡教育」と「非凡教育」のそれぞれの短所と長所をあげつつ、日常生活の中で繰り返し行われる「平凡教育」は「非凡教育」よりもはるかに長い歴史の中で継承されてきたものであり、その「平凡」を深く知ることは、自らが担ってきた文化を内省する契機ともなり、先人の長い経験を学ぶことでもあるとして、「平凡教育」の重要性を強調した。

「平凡教育」についての記述を読んだとき、筆者の子どもの頃の光景がよみがえった。筆者の父は農家の生まれで、8月のお盆と正月には、親戚一同が父の生家に集まり、大人たちが宴会をしている間、大勢のいとこ同士で遊ぶのが恒例だった。川に行って小魚やザリガニを採るとることもあれば、広い庭で石けりや鬼ごっこに興じることもあり、ときには、年長のいとこが村に一軒だけある商店でかき氷をおごってくれることもあった。その頃、筆者は何かと面倒を見てくれた6つ年上のいとこが大好きで、いつも後をついて回っていた。同じ遊びでも、彼女が入ることで各段に面白くなる。父の実家に着くと、真っ先にいとこの姿を探した。ところが、ある時期からいとこは急に遊びに加わることがなくなる。遊んでいると、伯母が呼びに来て何かと用事を言いつける。そのうち、彼女の居場所は最初から台所になり、もう私たちの遊びに加わることはなくなった。叔母たちが立ち働くのに混じって、彼女は忙しそうに走り回っていた。確か、いとこが小学校6年生になったころだったように思う。おそらく、彼女の子ども時代はそこで終わり、農村の大家族を切り盛りする主婦としての日常の教育が始まっていたのだ。

都会の核家族に生まれた筆者はといえば、「平凡教育」を受ける機会はあまりにも限られていた。わが家では、学校で人より良い成績をとり、ピアノの練習をさぼらず、優れた能力を示すこと、すなわち「非凡であること」の価値のみが肥大化していた。筆者が、年長者を敬い（年長であるということのみを理由に）自分勝手をつつしみ、でしゃばりすぎず、周りに合わせることを体験的に学んだのは、中学校の部活動を通してであったように思う。そこには、はっきりとした序列がありほんの少し早くその世界に足を踏み入れた「先輩」が「目上」であり、「後輩」は敬意を払うことを求められる。協調性は何よりも大切で、目立ちすぎれば容赦なく制裁を受けたが、同世代の先輩や同輩から仲間として扱われるときの誇らしさは、親や先生から認められることよりもはるかに強い充足感をもたらした。

本来家庭でなされるべきしつけを学校がしなければならない、と嘆く声を耳にすることがあるが、家庭のみならず、かつて学校に対置して存在し、明らかに異なる教育機能を持っていた地域社会の教育機能が失われたことにより、いまや「平凡であること」も「非凡であること」も含めて、全ての教育機能が学校に集中するようになった。

■　学校の機能を縮小することでいじめを防げるという主張

　「いじめ」を研究する人たちの中には、現在の学校が抑圧的で閉鎖的だから、必然的にいじめが起こるのであって、学校の機能を縮小し、子どもたちに自由を与えることで、いじめは防げるという主張がある（内藤2009）。「学校ではこれまで何の縁もなかった同年齢の人々をひとまとめにして（学年制度）、朝から夕方まで一つのクラスに集め（学級制度）、強制的に出頭させ、全生活を囲い込んで軟禁する（実質的には強制収容制度になっている義務教育制度）。現行の学校制度は、このように狭い生活空間に人々を強制収容したうえで、さまざまな『かかわりあい』を強制する。たとえば、集団学習、集団摂食、班活動、掃除などの不払い労働、雑用割り当て、学校行事、部活動、各種連帯責任などの過酷な強制を通じてありとあらゆる生活活動が小集団自治訓練となるようにしむける」（内藤朝雄2009、p.165）。

　内藤が言うように、かつては家庭や地域社会が担っていた教育機能が全て学校に集約されたことで、子どもたちは逃げ場を失っているのかもしれない。学校がその役割の多くを手放し、知識と学習スキルを効果的に教えることに徹したならば、学校における「いじめ」はなくなるという主張は、確かにその通りであろう。

　しかし、地域の教育機能が失われた今、全ての子どもたちに柳田が言うところの平凡教育、すなわち「自分勝手、横着、自分さえよければいいという態度、人に迷惑を与えて省みないという行為」をいさめ、「秩序を乱

さず、一人前に生きる能力」を身につけさせることを個々の家庭に求めても、その実践は不可能に近い。かといって、学校に代わって全ての子どもたちにそれを行う新たな社会システムを、それぞれの場所で構築するには膨大な時間と手間がかかるであろう。

　東日本大震災の折、避難所での日本人の忍耐強さ、秩序を乱さない節度ある行動が世界中の注目と賞賛を浴びた。この行動は、おそらく地域社会に根付いた「平凡教育」と、内藤らが唾棄する学校における「小集団自治訓練」の成果と言えるのではあるまいか。

　学校がどのような場所であれ、今のところ、大多数の親はそこに子どもを託す以外、わが子を社会に送り出すための教育を行う術を持たない。過大な役割を「学校」に求めているとは知りつつ、現代社会の中で学校が役割を縮小し、勉強を教えるだけの場所になることは、社会全体の共同体としての機能低下を招くことになるという危惧は、ぬぐいきれない。

3　子どもを救うために親ができること

■　見えない、あるいは見えていても手が出せない

　死に至らしめるほどのいじめから、わが子を救うために親ができることは何なのだろう。冒頭の事例のように、中学生ともなれば、多くの親が子どもたちの世界で起こっていることを知ることは至難の業である。下手に近づいてその世界をのぞこうとしようものなら、「ウザイ」の一言でシャットアウトされる。

　いじめは、人間関係のモザイク画として浮かび上がるものであり、近づきすぎて見ていると、はっきりとした形を捉えることはできない。親が自分の子どもしか視野に入れていないとき「何かおかしい」と感じても、そ

の違和感の原因を的確に把握することは困難である。たとえいじめがあることが分かったとしても、ここを正せば問題が解決するなどといった方法は簡単には見つからない。

　子どもに自殺されてしまった親にできることは、真相の究明と責任の追及であるが、目の前で苦しんでいる子どもの親がするべきことは、いじめから子どもを救い出し、傷ついた心を癒すことだ。ところがこれがそれほど簡単には取り掛かれない。糸口を探すのが非常に難しく、一歩間違えば、かえって子どもの状況を悪化させ、当の子どもが親に対してかたくなに心を閉ざしてしまう可能性すらある。

■　セーフティーネットを用意する

　親がしておくべきなのは、事前に打てる手は打っておくこと、すなわちできるだけ多くのセーフティーネットを用意することであろう。まず、これだけはしておきたいと思うのは「あなたは、無条件に私にとってかけがえのない大切な存在である」ということを言葉にしてわが子に伝え続けること（心の中で思っているだけではなく言葉にすることで、いざというときに折れそうな心を支える力を発揮する）。あなたが生きて、食べて、笑ったり、泣いたりしていることが私の幸せであり、何ができなくても、失敗をしても、悪さをしても、卑怯でも、私にとってあなたの存在そのものが必要不可欠なのだということを、ことあるごとに伝えたい。

　次に親以外の相談相手や逃げ場をつくっておくこと。親には子どもをしつける責任があり、ときには厳しく対峙しなければならない場面が出てくる。また、子どもは親を失望させたくないがゆえに、親にだけは話せない「秘密」を持つことがある。兄姉や、祖父母、親戚や知り合いの誰かが頭ごなしに叱ったり失望したりすることなく話を聞いてくれれば、子どもは親には話せない秘密を打ち明け、窮状を相談することができるだろう。しかし核家族、さらにはひとり親家族で、近所に親戚もなく、親自身が人間

関係のネットワークを持たないとき、その役割を果たすのはスクールカウンセラーや大学生のボランティアかもしれない。家庭教師や個別指導塾の先生が子どもの相談相手だったという例もある。

　そして、できうる限り子どもの友だちに声をかけ、親同士で情報交換をし、学校に足を運ぶこと。要求するばかりではなく、学校の役に立てることを積極的に探すことが必要である。

　学校や先生を敵に回すのではなく、力になれること、協力できることを探し、一緒に地域の子どもたちを育てていこうという体制をつくることによって、学校は自らの欠点や足りない部分を隠すことなく、援助や協力を求めることが可能になる。

　働き盛りの親が中学生になった子どもの学校のことに時間を割くのは、正直言って面倒くさい。それでも、できる限り学校や地域に関わり続けることでアンテナを張り、子どもたちが過ごす環境の異変を察知していくことが大切だ。全てを学校に負わせて、子どもの人権を尊重しつつ、学力も体力も生活習慣もしっかりと身につけさせてもらい、いじめから守ってもらい、生きる力を養ってもらい……。村落社会が担ってきた平凡教育（＝ソーシャルスキル教育）の全てを家庭で行うことが不可能なように、全ての教育を学校に担わせることは到底無理である。だからこそ、親と学校と新たな形の地域社会がどうにかしてつながりをつくり、みんなが役割を担って地域の子どもを育てあっていく意識を持つことが、結局はわが子をいじめから守る最も確実な方法なのかもしれない。

【文献一覧】
　石川雅信（2008）『地域社会の教育的機能について』（特集 乳幼児期の探究（2）
　　　日本教材文化研究財団研究紀要（37）、pp.35-39
　奥田英朗（2013）『沈黙の町で』朝日新聞出版

鎌田慧（2007）『いじめ自殺：12人の親の証言』岩波書店

共同通信大阪社会部（2013）『大津中2いじめ自殺：学校はなぜ目を背けたのか』PHP研究所

内藤朝雄（2009）『いじめの構造：なぜ人が怪物になるのか』講談社

柳田国男（1938）「平凡と非凡」『新日本』1巻5号、1970『定本柳田國男集』第24巻、筑摩書房所収

第3章

「いじめ」をとおして、学び、つながる

片岡洋子
（千葉大学）

<概要>

　多くの小学校、中学校で、「いじめ」が学級崩壊の引き金になっています。片岡は、この問題に懸命に取り組んでいる教師の実践例を、詳しく分析していきます。子どもたちが、暴力に訴える関係になってしまうのではなく、安心して話し合う関係になっていくために、教師はさまざまな試みをしています。「励ます会」や、「匿名による紙上討議」もその例です。また、子どもが面白半分に加わってしまう「いじり」が、いつしか「いじめ」になってしまうことを、大学生たちの体験を通して明らかにしています。子どもどうしの「関係性」がくずれていくなかで、いじめの加害者が、いつしか被害者になったりしていきます。片岡は、学校での対応は一時的な解決策を講じるだけでは不十分で、人が生涯にわたって遭遇することになる「いじめ」について、子どもたちに考えさせることこそが重要である、と論じています。

1 学級崩壊といじめの常態化

■ 事例A──小学5年生の教室で

　小学4年生のあるクラスで、地域のサッカー少年団に所属していた男子4人による授業妨害、教室抜け出し、そしていじめがエスカレートしていた。きつく注意するだけだった4年の担任に、彼らは反抗しはじめ、いっさいの指導を受け入れなくなっていた。5年生進級時のクラス替えで、4人のうち友也、洋輔、大和は5年1組に、ボス的存在だった力也は5年2組に振り分けられた。おとなしい女子の顔のホクロをからかい、罵声を浴びせる。授業中はおしゃべりをやめない。ちょっとしたことに腹を立てて暴力をふるう。そんな友也、洋輔、大和の3人がいる1組では、学級のスタート時から子どもたちが彼らの暴言、暴力におびえる日々だった。

■ 事例B──中学1年生の教室で

　ある中学校の1年生は4つの小学校から入学してきたが、そのうち3つの小学校で学級崩壊のような状況があった。席に着かない、おしゃべりをやめない、友だちの積極的な発言は揚げ足をとって冷やかす、遊びの形をとって誰かをオモチャにする、それに同調して喜ぶ周辺の生徒。教師が注意しても無視し、揚げ足を取って挑発する。見るに見かねて注意した生徒には、「しゃしゃるな」というストレートな攻撃から、聞こえよがしの皮肉攻撃、そして通りすがりのささやきまで、休み時間も含めて執拗にくり返される。教師が話しかけても顔を見ようとせず薄ら笑いと投げやりな返事をし、肩に触れただけで「痛い痛い、暴力暴力」と過剰反応する。いじめ加害者が1人から数人へ、そしてその周辺の男女へと広がりを見せ、い

じめの対象になる生徒も次々と変わっていった。勇気を持って注意や反撃をした生徒は、いじめ集団から連続的な「集中口撃」を受けた。B（ブタ）、D（デブ）など教師には気づきにくい「隠語」が使われ、ひそひそ話をしているのを見ると自分の悪口を言っているのではないかという不安におそわれ、次は自分が標的になるかもしれないという恐怖がクラスを覆っていった。

■

　事例Aの小学校は、Bの事例にある学級崩壊状態にあった3つの小学校の一つであってもおかしくないが、Aは1990年代前半、Bは2012年度の教室風景である。およそ20年近くを隔てたこの2つの事例に共通しているのは、きつく注意するだけの教師の指導が功を奏さなかったどころか学級崩壊の引き金になり、からかいや暴力のまん延を常態化させてしまったことにある。子どもの問題行動を見つけたら、モグラたたきのようにそのつど厳しく注意してきた結果がこの状況ならば、その悪循環からどう脱したらよいのか。

　ここにあげた2つの事例は、小学校教師の原田真知子（「『悪ガキ』たちとともに」『暴力をこえる』大月書店2001年）と、中学校教師の宮下聡（「いじめ解決体験を子どもの学びにする」『いじめと向きあう』旬報社2013年）の実践記録のそれぞれ冒頭部分で描かれた子どもたちの状況である。原田と宮下はどのような実践を展開したか、順に見ながら、いじめに直面した子どもたちがそれを乗り越えて成長することをうながす教育実践の可能性を探ってみる。

2 暴力に訴えるのではなく、話し合う関係への修復

■ 被害者と考える「なぜこんなひどいことをするのか」

　Aの小学校での原田真知子の実践から、いじめ問題への取り組み方を見てみよう。

　まず、いじめの被害にあっている子どもたちの被害の苦しさや恐怖を受け止め、孤立させないようにしなければならない。原田は、被害にあった子どもたちから一人ずつではなく、「励ます会」と称して10人程度を放課後に集めて話を聞いた。どんなことをされたかという事実や、怖かった気持ちなどを聞いて、その場にいる子どもたちと共有する。そのうえで、原田は被害にあっている子どもたちに「わけもなく意地悪する子なんかいない」「なぜ3人はそんなにひどいことをするのだろう」と問いかける。子どもたちはそんなことを考えたこともなかった。原田は3人と話したり、彼らの親と話したりして「そうしなくてはいられない何か」を見つけていこうと思っていると子どもたちに話す。そして「みんなもそれを考えてみて、でも注意はしなくていい、関わりたくなかったら関わらなくていい、話ができる子は話をしてみて」と提案する。

　「励ます会」を何度も開き話し合ううちに、3人をとりまく人間関係の不安定さ、教師、友だちに対する不信感の奥深さなどが分かってきて、「励ます会」は彼ら3人への理解を深め、「元気づいていった」。そして彼らを「クラスに取り戻すため」に出した方針は「友達になる」ことだった。

　暴力被害者は、なぜ自分がこんな目にあわなければならないのかと自分に問う。しかしその問いは往々にして自分が嫌われているからとか、弱いからなど、原因を被害者自身に求めていっそう苦しめる結果になりがちで

ある。しかし原田の問いは「彼らはなぜあんなひどいことをするのか」だった。つまり被害者の方にではなく、彼ら加害者の事情の方に原因を探すのである。そうして彼らの事情を理解していくうちに、自分に非があるのではなく、加害者の方が問題を抱えているという認識にいたる。また彼らが変わることへの可能性を同時に見いだし、被害者は元気づけられるのである。

■ 彼らは暴力の被害者でもあった

原田は、彼らの下ネタにも付き合い、対話を重ねるうちに、悪ガキ4人組とは、じつは隣のクラスの力也を中心に他の2人が3人組となって残りの1人を順番に外すという関係で、自分が外されることで傷つき、次は誰が外されるかとおびえあう関係だったことが分かってくる。さらに彼らの力関係を激化させたバックには、サッカー部の能力主義を徹底させた指導体制があり、4人は能力主義競争のストレスにもさらされていた。また、暴力をふるう子どもたちは実は父の暴力の被害者であり、子どもたちの母も夫の暴力に耐えていることも分かってきた。

原田は、彼らの親たちとの語らいを通じて、暴力的な1組の3人の子どもたちが仲間はずしと裏切りの繰り返しによって想像以上の「関係性崩壊の苦しさ」をかかえていることを知っていく。4人組の中心で2組にいた力也の母親は、いつも夜遅く町中の公衆電話から原田に電話をしてきた。原田は力也の母の「おびえたような声と口調は、暴力によって無力化された者の苦しさ」であると受けとめ、その苦しさを「聴きとる」者として関わった。

学校での4人組のふるまいは暴力の被害者であり、暴力以外に人とつながることの経験が乏しく、人を信じられずにいることによるのではないか、教室が安心していられる場所であり、信じ合える関係を築ける場所になることを求めている姿と見るべきではないか、原田はそう考えて、暴力によらない関係を学級の中に少しずつ築いていった。

■ 匿名は彼らを守るため

　原田は、教科の授業でも特別活動でも、彼らとクラスの子どもたちがつながるための手立てを考え用意した。その一つが匿名による紙上討論だった。

　他の子の発言へのからかい、暴言などが飛び交う教室で、子どもたちが彼らに自由にものを言える関係を築くのは容易ではない。原田は、学級で起こる日常的な問題について口頭で話しあうのは無理だと判断し、まず新聞からテーマを拾ってきて、教室の外の社会で起きているできごとについて匿名で意見を書かせ、プリントし、紙上で意見を交わしあうことを始めた。露悪的にふるまってきた彼らも、匿名ならば「ワルのプライド」を捨てて、率直な意見を書ける。友也は「匿名」に守られて、「ホームレス殺人事件」について「なんでこんなひどいことをするやつがいるんだ」と書いた。

　社会的問題をテーマに紙上討論を重ねたうえで、1学期の半ばに満を持して、授業中の彼らの態度のせいで自由に発言できないという意見をとり挙げることにした。原田がその意見を読み上げている途中で、案の定、3人は怒って教室を飛び出す。誰が書いたのか教えろという彼らに、原田は「今の段階では匿名でしか、あの意見は書けないこと」「いずれ堂々とみんなが言える日がくること」「それまでは匿名でもいいから意見を出しあおう」と諭した。そして匿名による意見表明が続けられた。

　原田は彼らが書いた授業への不満や要求も大事な示唆を与えてくれると受けとめ、クラスへの問題提起としてとりあげた。クラスの子どもたちの彼らへの見方も変わっていく。話せば分かりあえる、おびえなくてもよい存在になっていく。3人も、周囲の子どもたちの自分たちへの警戒や恐怖のまなざしが薄れることで、安心していられるようになっていく。やがて朝の会や帰りの会で直接彼らに要求することが少しずつできるようになって、匿名紙上討論の役割が終わりを迎える。6年生になっても続いた新聞

記事等を題材にした討論会では、彼らは中心的存在になっていた。

　からかいや暴言ではなく意見として述べること、それならば聞いてもらえるということを原田は彼らをはじめ学級の子どもたちに教えていった。話し合うとおもしろい、話し合うと何かを変えられる、そうした体験の積み重ねが、暴力やいじめによる関係を崩し、話し合いによって問題を解決することを子どもたちに学ばせていくのである。

■　過去の悔しさを聞いてもらえての謝罪

　5年生の2学期、保が友也、洋輔、大和の3人にいじめられた。原田は久しぶりに3人と向き合って、「あいつだけはどうしても許せない」という事情を聞いていく。幼稚園時代にまでさかのぼるエピソードを、「やられたことってなかなか忘れられないものなんだね」「よっぽど嫌な思いをしたんだね」と原田は聞き続けた。すると、まず友也が「謝る」と言い出す。ただし今まで言えなかった悔しかった気持ちを言わせてほしいと付け加えた。そして、保に対し、過去の悔しさを話したうえで「でも、いじめというやり方は間違っていた。ごめんなさい」と友也が謝り、洋輔、大和も続いた。それを泣きながら聞いていた保は、謝ってくれてありがとうと言うと同時に、かつて自分のしたことを謝った。

　「いじめというやり方は間違っていた」と考えられたのは、悔しさをことばで伝える、話し合うという半年以上にわたる日々の体験の積み重ねによって、いじめではない「やり方」を学んできたからである。いじめをやめさせることができるのは、いじめの元にある「むかつき」を別の方法で表現し、伝え、解決できるということを、実際にそうした体験をさせながら教えることによってである。ことばで表現することは自分の問題を対象化することでもある。匿名の紙上討論、トラブルの度の話し合いをとおして、自分の気持ちを表し、行動をふりかえる言葉を得て、彼らは暴力から解放され、友だちとして「クラスに取り戻され」ていった。

3 いじめから目をそむけず考えあう

■ 被害者の支援グループをつくる

　次に、Bの中学校の例に挙げた宮下聡のいじめへの取り組みを見てみよう。
　宮下もまずは標的になっている子どもを孤立させないための支援体制をとった。小学校時代にも同様に執拗ないじめに遭ってきた友子が宮下に苦痛を訴えてきた。宮下は、友子の話を丁寧に聞いた後、友子のそばにいつも一緒にいて精神的に支えたり、教師にいじめを訴えたりする「仲間」をつくろうと提案する。そして友子の意をくんで2人の子に仲間になってもらった。宮下はその子たちに「いじめを止めなくてもいい。いつも友子のそばにいて辛い気持ちを分かっていてほしい。そして必ず先生に知らせて」と言った。「口撃」はやまなかったが、支援者がそばにいて思いを語り合う時間を取ったために、友子の表情は少しずつ明るくなっていった。そして標的が変わるたびに支援者をつくっていったため、支援者の立場になる者が増えて「口撃グループ」が少数派になっていった。
　宮下は、傍観者になっている子どもに、いじめを注意できないのは加害者と同じだと迫るのは、いじめを見ながら自分が標的になることを恐れて苦しんでいる子どもの心をさらに苦しくすると言う。いじめを止めなくてもいいから被害者を支援してほしいという宮下の要求に応えた子どもたちは、加害者の同調者にならずに、被害者のそばにいることができた。おびえて声を上げられずにいる子どもたちにも果たすことのできる役割をつくる。こうして暴力に支配された教室でも子どもたちが行動できることを広げていった。

■ 匿名の意見表明で正義の世論づくり

　宮下は次に、子どもたちにいじめについてどう思っているか、意見を書かせた。それは、「これまでクラスで起きていたことをどう感じているか」「これからクラスがどうなっていくことを願っているか」「自分自身はどうしようと思っているか」についての意見であって、いじめ・いじめられ体験を問うものではなかった。匿名で、内容も個人が特定されないように加工し、本音が言えるよう配慮して、「みんなの意見集」にした。一方で、直接には声を上げられずにいるけれど、多くの子どもたちがいじめを嫌だ、なくしたいと思っていることが分かれば、いじめられている子どもは励まされ、他方で、いじめをしている子どもは自分のしていることの意味に気づくことができるようにと願ってのことだった。

　「38人の一歩」と名付けられた意見集の第1回目をクラス全員で読みあった。そこには、クラスの生徒たちのさまざまな立場の振る舞いのなかに被害者をこっそり支援する様子をとらえた以下のような記述もあった。

　「一方で誰かがいじめをすると一緒にそれを楽しむ人もいる。誰かが標的になれば自分に危害が及ばないから、または自分のストレスのはけ口にしているのだと思う。いじめをすることで、自分は人よりも優位な立場にいると勘違いしている。一人ひとりに接するとみんなそれぞれに良いところがあって、みんなそれなりにいじめられている人を助けたり、止めるためにできることをしている。いじめられている子がいるとそっと目立たないように助けている人、こっそり先生に知らせてひどくならないようにしている人。見ていると、やられている人が思いあまって強い言葉で言い返したり、にらみ返したりすることもある。（略）このクラスは、ある限られた人たちによって荒れている。そして本当の気持ちを言えずに苦しい思いをしている人たちもいる」

　さらに、いじめている子が何か問題を背負っているのではないかと考

る子どももいた。

　「いじめをしている人たちには、自分で解決できない何かがあるのだと思う。他人には言えない、わからない大きな問題なのかもしれない。そのことを追及することはできないが、その問題でクラスが荒れてしまうのならば、少しでも良くなる方向にいくように考える必要があると思う」

　こうした意見集「38人の一歩」を読んで賛同や反対の意見を出し合い、それを掲載した第2集を出して読みあった。第2集で初めて、自発的に書かれたいじめ・いじめられ体験が登場する。いじめについてみんながどう思っているかを知って初めて、安心して辛い体験を語るのである。その第2集は家庭でも読んでもらい、寄せられた保護者の意見は第3集に掲載された。こうして子どもたちだけでなく、保護者も含めて、いじめについて考えあう紙上フォーラムにしていった。

　そこでは教師が望ましいと思う意見が述べられるのではなく、さまざまな見解が自由に交わされる。教師もどうしていいか分からないからみんなで考えようというスタンスなので、答えがすぐに見つかるわけではなく、新たな問いが生まれ、それへの応答を呼ぶフォーラムである。それですぐにいじめがやむわけではないが、みんながどうしたらいいか考えているという状況をつくることはできた。そうして時間をかけて、みんなで考え続けるというプロセスが、結果的にいじめのエスカレートを防ぎ、いじめたり、同調したりする子どもたちを少数派にしていった。

4　見えやすいいじめと、見えにくいいじめ

■「いじめかどうか」の境界線は必要か

　原田や宮下の実践において、問題となっている行為がいじめかどうかを

問う場面はない。いじめであるかどうかが問題ではなく、誰かが傷ついたり、辛い気持ちになったりする行為について、子どもたちが自分の気持ちや考えを自由に述べあい、それをなくしていこうとしている。しかしすぐにはなくならないので、そのようなできごとにあったときに、本人がどうしたらいいか、周囲に何ができるかも考えていく。学校でいじめがなくなったとしても、これからの人生で人を傷つけ人に傷つけられるという経験を積みながら生きていかなければならない。そんなときも自分自身と他者の傷の痛手を軽くし、関係修復しようとすることを学ぶ。学校教育にはそうした役割が期待されている。

■ 異質性の排除といじめ

　学校でのいじめ対策は、短期的には止めに入る、被害者を守る、当事者に事情を聞くなどの緊急対応がまずは必要だが、長期的には人間関係のトラブルへの洞察、傷つきからの回復、人間関係の修復の学習の中に位置づけられなければならない。それらを直接のテーマとして扱った絵本、児童文学、小説、映画は数多くある。人間は、戦争から小さな誤解による気持ちの行き違いまで、あらゆるレベルでの人間どうしの紛争を文化・芸術のテーマにして、愚かな結果にいたらないよう、次世代に語り継いできた。そうした文化・芸術による学習を含め、どこからがいじめかなど、いじめの外輪を確定しなくても、広く人権侵害や暴力の問題に位置づけて考えてみることが必要であろう。

　アレルギーのため同じものを食べられない、発達障害がある、ゲイ・レズビアン・トランスジェンダーなどの性的マイノリティ、貧困家庭の子どもなどは、異質な者、劣る者とみなされ、いじめのターゲットにされやすい。しかし、こうした子どもたちがみないじめのターゲットになるわけではない。そうなるか否かは、教師の人権への理解、配慮の度合いに左右される。そうした子どもたちがいる教室でこそ、子どもが平等に有している

権利の尊重のためにどのような教育的配慮を講じなければならないかという教師としての専門的力量が発揮されなければならない。しかしそのために教師個人ならびに合理的判断に必要な知見を共有した教職員の組織的対応が必要となる。そうではなく、教師もそうした子どもたちへの偏見を持ち、子どものいじめに同調するようであれば、いじめは燎原の火のごとく広がる。これらは、子どもたちの多様性の尊重や、貧困による人権侵害を福祉につないで救済することなど、学校組織や教師に求められる見識や行動によって、防御されるべき問題である。

■「いじり―いじられ」関係

一方、教師には見えにくい「いじり」の問題がある。以下は男子大学生の体験である。

> 中・高でよくあったのは、あくまで「いじり」だと思って本人たちはやっているのだが、一線をこえて、「いじめ」になっていると思われることをその子にするというものである。例えば、何人かで一人の服を教室など人目のあるところで脱がせたり（これには私も参加していた）、テープでぐるぐる巻きに手をしばってベランダに監禁したり（これにも私は参加していた……）、振り子の要領で投げ飛ばしたり（これにも……）といった具合である。今考えると明らかにいじめだと思う。非常に反省している。しかし、当時は面白半分でやっていた。そして、そんなにひどいことをしているとも思わなかった。また、そのことで、友人関係が壊れるということもなく、普通に仲良くしていた。

文部科学省は、いじめを「当該児童生徒が、一定の人間関係のある者から、心理的、物理的な攻撃を受けたことにより、精神的な苦痛を感じているもの」と定義しているが、大学生たちに聞くと、いじりはいじめと違っ

て、精神的苦痛がないのだという。しかし「いじられた」経験を持つ大学生は、今にして思えば嫌だったと振り返っていた。

「振り子の要領で投げ飛ばす」など暴力的行為である「いじり」でつながる「友だち関係」の親しさをどう考えたらよいだろう。そこには夫婦間や恋人どうしのあいだで起こるドメスティック・バイオレンス（DV）での「愛」と重なる問題がありはしないか。

10代の恋人どうしのDV（デートDV）では、友だち関係ではあり得ないようなぞんざいな言葉づかいや無理な要求、そして携帯・スマホでの束縛などが起こりうる。それは、男女の友だち関係とは異なる恋愛関係の親密さのあかしのように見なされるからである。かつては女子の友だち関係に束縛しあうDVに類似した関係があったが、男子のいじりの仲間関係にも、相手が喜ぶ、おもしろがるならがまんすることを仲の良さと見なす歪んだ親密さが生じている。今ではそれがLINEなどのソーシャルネットワークサービスによるつながりのなかにも広がっているとすれば、外部にはいっそう見えにくい。特に身体的暴力ではなく、心理的コントロールによる暴力は当事者にも分かりにくく、苦痛を表明することも自己抑圧してしまう可能性がある。

■ 声を上げる・声を聴く文化をつくる

仲の良い友だちグループ、恋人、夫婦、親子、仕事仲間などにおいて、他者から支配され自分自身の声を失っていくということが起こっている。

親しい関係において一方が一方を抑圧しているのに、当事者のその問題に気づかないという事態と、「いじり――いじられ」はつながっているだろう。そうした、いじめのグレーゾーンも含めて対応を考える必要がある。

いじめは学校だけでなく、あらゆる場で起こりうるが、「精神的苦痛」を感じないようにコントロールされるかもしれない。これから先の人生で、暴力に被害者、加害者、目撃者として立ちあうだろう子どもたちに、いじ

めという問題を通して、学校で教師は何を学ばせていくことができるか。

　大事なことの一つは、声を失う前に声を上げる、発せられた声を聴くという文化的体験であろう。そのためのできあがった学習パッケージがあるわけではない。原田や宮下が実践したように、大人である教師もつねに更新中の課題として、自ら学び、子どもたちとともに学び続けていく中で、かろうじて創りだせる文化であろう。

第 2 部

子どもと体罰

第4章

子どものいたずらと罰
～罰なき時代の暴力というアイロニー

山名　淳
（京都大学）

<概要>

　山名は、いまからおよそ1世紀半前にドイツで出版された子ども用の絵本『もじゃもじゃペーター』を例にして、子どものいたずらと罰について、興味深い議論を展開しています。いたずらは子どもの本性であり、それを物理的な罰の行使や、心理的な罰の内面化で抑え込んでいっても、別の問題が生じてくるだけです。そこで、いたずらを大目に見て、できるだけ子どもに罰を与えないようにしていくのがよい教育だ、とみなす傾向が、20世紀の新教育運動以降強まってきました。しかし、この「文明化」の傾向も、子どもの存在をやんわりと否定するだけで、子どもを真に尊重しているとはいえません。罰は与えない方がいい、といった単純な問題ではないのです。そうした「文明化のアイロニー」の視点から、山名は『もじゃもじゃペーター』を読み直そうとしています。山名の議論から、古典的作品の解読の面白さを、十分に味わっていただけると思います。

1　絵本『もじゃもじゃペーター』

　「いたずら」は「徒」、つまり無益なことを意味する言葉である。有益なことを計算しながら生きる世界に入りきっていない子どもという存在は、本来的にいたずら者である。だが、いたずらは、無益であることを超えて「悪戯」となり、だれかを傷つけたり、あるいは自分が傷ついたりする原因にもなることがある。そのようなわけで、いたずらには戒めのための罰がつきものとなる。

　罰に対する許容度は時代ごとに大きく異なっている。子どものいたずらを戒める罰に対する感性がどのように変化してきたか。またそのような変化の果てにある現代は、いったいどのような時代であるか。本章では、こうした問いに対する回答を見いだす足がかりとして、「いたずらと罰」が一組となって描かれている典型的な絵本の運命に注目してみよう。

　ここで取り上げるのは、1845年にドイツで出版されたハインリッヒ・ホフマン（Heinrich Hoffmann, 1809-1894）の『もじゃもじゃペーター』（以下、『もじゃペー』と略称）という絵本である（**図1**）。マッチで火遊びをしていたら、洋服が燃えて灰と化し、最後には自分も灰になってしまう。動物を虐めると、大きな犬にかまれて負傷して、おまけに自分のために用意されていた、おいしいご飯をこの犬に食べられてしまう。嵐の日に外に出て遊ぼうとすると、大きな風が吹いて空に飛ばされ、行方不明になってしまう。『もじゃペー』は、そのようないくつかの短い物語で構成されている。

　ページを開いて読者が目の当たりにするのは、主人公の子どもたちに対してイエローカードなしに突きつけられる不幸の数々だ。悪い子になったら、おまえもこんなになっちゃうぞ。そのようなメッセージが、この絵本

図1 普及版の『もじゃもじゃペーター』

Hoffmann, H.: Der Struwwelpeter. Frankfurt a.M.: Rütten&Loening, 1894.
所蔵 Universitätsbibliothek Johann Christian Senckenberg, Frankfurt a.M.

には含まれている。

■『マックスとモーリッツ』との相違

　子どものいたずらが描かれているだけであれば、別の絵本をとりあげてもよいかもしれない。例えば、同じドイツでほぼ同時代に公にされたヴィルヘルム・ブッシュ（Wilhelm Busch, 1832-1908）の『マックスとモーリッツ』（1865年）。この絵本に登場する二人の腕白坊主は、いたずらの程度でいえば、『もじゃペー』の主人公たちのはるか上を行く。ただ、『マックスとモーリッツ』では、いたずらのたびに罰が与えられるわけではない。むしろこの絵本は、子どもとはそういうものだといわんばかりに、そのいたずら姿を読者にまざまざと見せつける。それに対して、『もじゃペー』では、聞き分けのない子どもたちが登場しては、常にことの成り行きや大人

によって罰が彼らに対して与えられる。

『もじゃぺー』は大きな反響を呼んだ。初版本があっという間に売り切れた後、この絵本は着実に版を積み重ねていった。そればかりではない。『もじゃぺー』が世に出て以降、その類似本が多く創作されるようになった。挿絵と文章とを組み合わせて主人公たちの違反行為を描写することで読者としての子どもたちを引きつけつつ、主人公たちが罰を受けるという筋立てをとおして逆説的に模範行為へと誘おうとする物語が増えていったのである（山名 2012：25ff.）。そのような史実に従うかぎり、「いたずらと罰」の表象は当時のドイツで受け入れられたというほかはない。

子どもたちを対象とした罰に対する忌避感情が今日ほど高まっている時代はおそらくないだろう。そのような現代において、読者の多くは『もじゃぺー』をそのまま、少なくとも教育の絵本として受け入れる許容度を持ち合わせているようには思えない。『もじゃぺー』に対する態度変化は、この一世紀半の間に「いたずらと罰」に関する感性が大きく変わったことを端的に表している。

■　物理的な力から心理的な力へ ── 表象のなかの「いたずらと罰」

罰に対する忌避感情の強い現代の地平から、『もじゃぺー』を暴力的で非教育的な絵本であると直ちに断罪するとしたら、それは性急過ぎるにちがいない。妙な言い方に聞こえるかもしれないが、絵本は罰として生じる物理的な力を描いているだけである。この物理的な力の表象化（＝再提示 representation）によって、体罰に象徴されるような物理的な力を振るうことが回避されるという側面があるとしたらどうだろうか。

現実の子ども（の身体）を取り巻く世界を、ここでは広い意味での環境と呼んでみよう。そうした環境のうちには、人間が創造する文化も含まれる。『もじゃぺー』は、もちろん文化の一部であり、それゆえ環境の一部をなしている。この環境の一部としての絵本が物理的な力を表象している

図2　＜身体/環境＞を＜環境＞に組み込むリエントリーの形式（筆者作成）

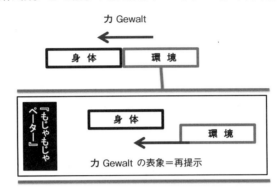

のである。＜身体/環境＞関係を＜環境＞のうちに組み入れる仕組み（リエントリー）は、子どもの振る舞いを変えようとする目的のために行使される物理的な力を心理的な力に置き換える（図2）。

それによって何が起こりうるか。『もじゃぺー』という事物が主人公である子どもに罰を与える物語を提示することによって、大人が手を上げて子どもの身体に痛みが与えられることが回避される。少なくともその可能性が生じる。『もじゃぺー』を教育的な絵本として擁護しようとする者が持ち出すことのできる有力な論理がそこにある

2　「文明化」の進行と忌避される罰

■　心理的な力をより穏やかに

子どもたちのいたずらを制限しようとする罰にともなう力——物理的な力であれ、心理的な力であれ——は、自己の感情や衝動を自己によって抑圧させるという側面を有している。ただ、この力は、彼らが他者や自分の

生命を危機に陥らせることのないように、また全体の秩序を脅かすことのないようにするために行使されるのだという正当化の論理を持ち合わせている。ノルベルト・エリアス（Norbert Elias, 1897-1990）が示唆しているとおり、その際に生じる子どもの変化は、社会全体が近代化していくにしたがって進行していった「文明化」（個人が自らの情動をコントロールする度合いが高まると同時に、人々が相互に依存し合うような関係構造のうちに個人が参入するようになること）のいわばミニチュア版でもある（Elias 1969a=1977, Elias 1969b=1978）。

『もじゃぺー』の出現は、物理的な力を否定して心理的な力にそれを変換することをとおして、親や教育者といった特定の人物によるあからさまな力の行使を回避する一つの方法を生み出したが、話はそこで終わらない。やがて、『もじゃぺー』が生み出す心理的な力は、それ自体が好ましくない「脅迫の教育学」であるとして批判されるようになる。まだいたずらをしていない子どもたちに対していたずらの物語を読み聞かせ、不幸の結末へと主人公を導くことで子どもたちに衝撃を与え、医学における予防にも似た作用を物語における罰の先取りによって生じさせる。そのようなやり方に対する抵抗は、子ども中心主義的な「新教育」の時代を経た後ではよりいっそう明確に打ち出されるようになる。

『もじゃぺー』に収められている物語では、死や負傷、暴力や流血の場面が描写されており、しかも、それらの多くが子ども本人の運命とかかわっている。『もじゃぺー』は、そのような「時代遅れ」の要素がふんだんに盛り込まれた絵本であり、「教育的・批判的に加工」されるべき物語のオンパレードにほかならない。こうした物語に対する批判は、やがて精神分析や心理学といった学術的な基盤を寄り所としてなされるようになる。子どもに及ぼされる物理的な力のみならず、それを抑止するはずの『もじゃぺー』が及ぼす心理的な作用に対しても警戒心が強くなるのである（例えばSchatzman 1973=1975）。

■ ペーターの従順化

　教育の心理化に対する傾向への批判を念頭に置いてあらためて『もじゃペー』の類似本を眺めてみると、主人公たちが残酷な運命に見舞われるところで物語が終わるのではなく、そうした運命から救済されるところまで描いたものが少なくないことに目が止まる。この種の物語では、主人公たちは謝罪し、更正し、名誉を回復して、最後に「よい子」になったその清潔な姿を私たちに見せつける。横暴であったり、だだをこねたり、不潔であった反面教師としての主人公たちに代わって、従順な主人公たちが模範となって子どもたちを秩序の方へと導き入れようとするのである。

　『もじゃもじゃリーゼ』(Schmitt-Teichmann 1950) は、そのような類似本のなかでも最も普及した絵本の一つである。この絵本に登場するリーゼちゃんは、最初、だらしのない女の子として登場する。学校には平気で遅刻をする。宿題はやってこない。農園の野菜を台無しにする。物を壊しては喜ぶ。危険な木登りをする。布団を引き裂いて羽毛布団の雪を降らせ、ベッドをゲレンデに見立ててスキーの練習をする。そうしたリーゼちゃんを待ち受けているのは、他の子どもたちの嘲りであり、大人たちの叱責である。最後には本を読みながら車道を歩いているときに車にはねられて、大けがを負う。最後のページでは、すっかり反省したリーゼちゃんが、おめかしをして清潔な行儀のよい女の子に変身した姿で現れて、きらきらと輝く瞳で読者を見つめている。

■ 教育的な力そのものに対する疑念

　『もじゃペー』が教育の媒介物としては受け入れ難いという評価が定着したのは、1960年代の後半以降であったといわれている。当時の反権威主義運動（伝統的な社会や先行世代が有する権威に抵抗して新たな社会や人間関係の構築を標榜した一連の動向）を背景として、『もじゃペー』は権威的か

つ去勢的であり、「ブルジョワジーの抑圧的な教育」を象徴するものであると断罪されるようになる。

フリードリッヒ・カール・ヴェヒター（Friedrich Karl Waechter, 1937-2005）が創作した『アンチもじゃもじゃペーター』（Waechter 1970）は、そのような時代の風潮を反映しているばかりか、『もじゃペー』こそが先行世代によって築かれた秩序を押しつける文化の象徴であるというイメージを流布させる決定的な役割を果たした。

この類似本の表紙に描かれているのは、ペーターにとてもよく似た人物である。このそっくりさんは、『もじゃもじゃペーター』というタイトルの前に「アンチ」と書かれたプラカードを高らかに掲げて不敵な笑みを浮かべている。そこに収められている物語の基本特徴は、この表情が暗示しているとおりである。オリジナルの『もじゃペー』では、「わるい子」たちが大人のいうことをきかないといかなる不幸に子どもたちが陥るかが示されていたが、『アンチもじゃペー』では、「わるい子」たちの振る舞いに大人が介入しようとするとどのような不運に大人たちが見舞われるかという話が並んでいる。

3　「高度な文明化」時代における子どもの受難

■　罰なき時代の教育

『もじゃペー』は、表象による心理的な力（への期待）によって、罰という名のあからさまな物理的力の行使から子どもたちを解放したが、そのような心理的な力が及ぼすネガティヴな作用が罰にも似たものとして批判され、最終的には教育そのものが先行世代による後続世代への内なる抑圧ではないかと警戒される際の標的となった。現代の私たちは、その延長線

上に出現した『もじゃぺー』不在の時代を、言い換えれば、罰としての教育を否定した時代を生きている。

『もじゃぺー』に内在する教育的な力が暴力とでも呼ぶべきものとして批判され、教育的な世界においてこの絵本が追放されたことで子どもたちのより平穏な環境が実現した、とハッピーエンドのかたちで「いたずらと罰」の話を終えることができるだろうか。最初に示唆したとおり「いたずら者」としての子どもの存在は普遍である。罰なき時代に「いたずら者」との共存はいかにして可能だろうか。

■「文明化」は教育を困難にする

先に触れた「文明化」論者のエリアスは、そのような問題をしっかりと見据えていたのではないか。彼は、反権威主義運動の時代以降、自分の衝動や感情を抑制して特定の行動基準に自分を合わせていく傾向が薄れていることを指摘したうえで、だからといって自己規制を必要とする「文明化」から私たちが解き放たれたと考えてはならないと主張している。むしろ、あたかも自分の感情や衝動を抑圧していないかのように自己をコントロールすることが要求される時代が到来したのだ、というのである。彼はそのような状況を「高度な文明化」(および「インフォーマル化した文明化」) と呼んでいる (Elias 1989=1996)。

エリアスは、「親の文明化」(Elias 1980) という講演において、このことが教育と密接に結びついていることを指摘している。彼によれば、「高度な文明化」状況では、子どもたちは自分の感情や衝動をあたかも抑圧していないかのようにコントロールできることが求められる。それだけではない。そのためにはまず大人たちがそのようなさりげないコントロールの能力を備えたうえで子どもたちと接することが期待されるようになる。摩擦の少ない世代関係を実現しているように演じることが、荷の重い大きな課題として、人々の上にのしかかっているというわけだ。

■ 望まれざるケース

　「文明化」が高度化すればするほど、「いたずら者」としての子どもと「文明化」した社会状況とのギャップはますます大きくなり、けれども同時に伝統や権威に寄り掛かって子どもに働きかけることは回避される。『もじゃぺー』不在の時代には、そうしたなかで「高度な文明化」状況と「いたずら者」としての子どもとの折り合いをつけるという難問に対して、いわば後ろ盾のない状況での個人の戦いを強いられる。

　「高度な文明化」時代における望ましからざる出来事として想定されるのは、教育にまつわる力を可能なかぎり避けた結果として逆説的に生じる圧倒的な力の行使である。虐待の全てがそうであるとはいえないが、その一部は「文明化」のアイロニーといわざるをえない事例を含みうる（ここでは、さしあたり中脇初枝が小説（『きみはいい子』ポプラ社、2012年）の形式を再構成した虐待の現象を念頭に置いている）。子どもの身心を傷つけることを回避するその努力が頂点に達したときに暴発するような、子ども存在を否定する力の発生は、大人と子どもの双方にとって悲劇というほかはない。

　「文明化」のアイロニーを意識するとき、あからさまな物理的な力（＝体罰）への回帰を標榜するといった選択肢、あるいは強烈に過ぎるかもしれない心理的な力を意図的に行使することを容認するという選択肢が思い浮かばないわけではない。だが、社会が「文明化」しているという状況を踏まえれば、そのような選択をすることは現実的でもなければ理想的でもない。「文明化」のアイロニーを生き抜くためのいかなる知恵が私たちになお残されているだろうか。

■ 「いたずらと罰」と戯れる知恵

　教育界において追放されたはずの『もじゃぺー』をふともう一度開いて

みる。大きな鋏（はさみ）を持って宙を舞うようにして駆けつける裁縫屋さん。燃えてしまったパウリーネを前にして、小川ができるほど大泣きをする猫たち。狩人の眼鏡を取り上げて銃を撃ち放つうさぎ。嵐の日に傘一本で風をとらえて大空に舞うわがままロベルト。それらの登場人物たちは、でたらめというわけではないにしても、往々にして日常的な現実世界を飛び越えている。有用性に回収されないという意味での「いたずら」な性質を、この絵本そのものが内包しているのである。子どもたちを、あるいは大人たちをも密かに引きつけてきたのは、実は教育という意図的な営みに直接に役に立ちそうもないような、いわば教育の意味世界に穴を空けるそうした性質ではなかっただろうか。

　教育界の外部に視野を広げてみれば、『もじゃぺー』の「いたずら」な性質は、漫画やロックミュージックや演劇やノンセンス絵本の領域で『もじゃぺー』をモチーフにした作品のなかで受け継がれている（山名 2012: 135ff.）。その多くはいわゆるサブカルチャーを含む芸術領域のうちにある。「文明化」の過程とは、元祖『もじゃぺー』のうちに未分化なままに同居していた教育的な要素とそうでない要素とが分化していく過程、あるいは両世界が切り分けられた後で『もじゃぺー』が「教育的でない」世界に割り当てられていく過程であった。

　そのような関心から『もじゃぺー』を眺め直してみると、そこにはある種の知恵が隠されていることに私たちは気づくはずだ。一言でいえば、それは子どもの「いたずら（徒、悪戯）」と戯れる表象の知恵である。『もじゃぺー』は、絵と詩を組み合わせた絵本という形式によって、「文明化」社会と出会い、また同時に「文明化」社会の外部と出会うことを可能にする媒体としての側面を有している。社会が「文明化」していくにもかかわらず、いやそうであればあるほど、「いたずらと罰」をめぐる戯れという問題から逃れることのできない運命に私たちはあるのだということがよりいっそう明確となる。この運命から目を反らそうとすれば、そこには

「文明化」時代における子どもの受難が、そして大人の受難が待ち受けている。『もじゃぺー』に登場する「いたずら者」たちが、その無法ぶりにもかかわらず、あたかも救世主のように見えるのは、まさにそのようなことが意識される瞬間なのである。

『もじゃぺー』の末裔(まつえい)たちはさまざまなかたちで今日においても立ち現れて、教育の力を否定することによって湧き上がりそうになる暴力をすんでのところでせき止める。もちろん、それはドイツにのみ当てはまることではない。「文明化」した国であれば日本も含めてどこにでも、彼らはひょっこりと顔を出す。「いたずらするこはたべちゃうぞ」という歌詞が恐ろしいと放送が取り止めとなったガチャピンの歌「たべちゃうぞ」（1975年、北村恒子・岡本おさみ作詞、吉田拓郎作曲）、また近年売れ行きを伸ばして話題になった『絵本 地獄』（宮次男監修、白仁成昭・中村真男、風濤社、1980年）などは、そうした教育領域の境界線を揺るがせる媒体の例になるかもしれない。『もじゃぺー』と同様に、それらはみな「いたずらと罰」との戯れという問題を思い起こさせるのだ。

【文献一覧】

Elias, N.（1969a）: *Über den Prozess der Zivilisation, 1.* Frankfurt a.M. ＝エリアス（1977）（赤井慧爾他訳）『文明化の過程』〔上巻〕法政大学出版局

Elias, N.（1969b）: *Über den Prozess der Zivilisation, 2.* Frankfurt a.M. ＝エリアス（1978）『文明化の過程』下巻（波田節夫他訳）法政大学出版局

Elias, N.（1989）: *Studien über die Deutschen: Machtkämpfe und Habitusentwicklung im 19. Und 20. Jahrhundert.* Frankfurt a.M. ＝エリアス（1996）（青木隆嘉訳）『ドイツ人論：文明化と暴力』法政大学出版局

Elias, N.（1980）: Die Zivilisierung der Elern. In: Burkhardt, L.（Hrsg.）: *... und wie wohnst du?* Berlin, S.11-28.

Hoffmann, H.（1847）: *Der Struwwelpeter; oder lustige Geschichten und drollige Bilder für Kinder von 3 bis 6 Jahren.* Frankfurt a.M. =『もじゃもじゃペーター』(佐々木田鶴子訳) ほるぷ出版（原著の初版は1845年に出されたが、ここでは普及版が出版された1847年の書誌情報を示す。翻訳にはいくつかのバージョンがあるが、一例として佐々木訳の著作を挙げておきたい）

Schatzman, M（1973）: *Soul Murder: Persection in the Family.* Random House: New York ＝シャッツマン（1975）（岸田秀訳）『魂の殺害者：教育における愛という名の迫害』草思社

Schmitt-Teichmann, C.（1950）: *Die Struwwelliese.* Köln.

Waechter, F.K.（1970）: *Der Anti-Struwwelpeter.* Darmstadt.

山名淳（2012）『「もじゃペー」に〈しつけ〉を学ぶ：日常の「文明化」という悩みごと』東京学芸大学出版会

第5章
「暴力のない教育」への法制度改革
～ドイツの事例を中心に

荒川麻里
(筑波大学)

<概要>

　2012年、ドイツのブレーメン州で衝撃的な事件が起きました。2歳数カ月と思われる嬰児の死体が、民家の冷蔵庫から発見されたのです。死後半年ぐらい経っていると推定されました。荒川は、この「ケヴィン事件」をきっかけに、虐待防止のための早期支援に取り組んだドイツの事例を、詳しく紹介しています。ドイツでなにより問題とされたのは、虐待防止法制の不備です。荒川が注目するのは、「暴力のない教育」への法制度改革を通して、家庭の内部でも子どもに対する体罰を禁止していくようになっていったことです。そこで問題になるのは「親権」です。ドイツの民法では、長い間、子どもに対する親の「権利」が「義務」より優先されてきましたが、1979年にこれを改めて、「親の配慮」が規定されたのです。「親の懲戒権」も制限されていきました。こうした「暴力のない教育」への法制度が各国で広がっていることを、荒川は紹介しています。

ケヴィンの事例[1]

　ケヴィンは2004年1月23日、ドイツのブレーメン州に生まれた。出生時、すでに薬物禁断症状があり、2カ月もの入院生活を強いられることとなった。母親サンドラは当時34歳、自称父親のベルント39歳、二人とも13歳頃からアルコールと薬物を常用していた。

　当然ながら、ケヴィンの養育について話し合いが行われ、医師、看護師、院内ソーシャルワーカー、家族助産師、薬物依存治療施設代表などが集まった。その結果、サンドラとベルントの意思を考慮して、薬物依存治療を受けながら子育てのできる施設への入居が決まった。

　2004年4月、親子は約1カ月で施設を退去する。その翌月には、医師が家族の危機的状況を察知し、青少年局に連絡している。数カ月後の夏の夜、サンドラが酒に酔い路上で子どもを虐待しているとの通報があり、警察が駆けつけた。ケヴィン生後8カ月目、数箇所の骨折などから医師が虐待の疑いを指摘……。危険信号が何度も点滅していたにも関わらず、適切な対処がなされないままケヴィンは両親の元にとどまった。

　2005年11月、サンドラの死により、ケヴィンはたった1歳10カ月で母親を失ってしまう。ベルントはケヴィンを手放すのを拒み、自分の母親から支援を受けていると虚言を続けた。その後、ベルントとケヴィンの姿が確認できないことが続き、嘘が発覚したことで、ケヴィンを養親へ預けることが正式に決まった。

　2006年10月10日、青少年局職員が警察とともに一家を訪ね、冷蔵庫の中でゴミ袋に包まれたケヴィンの死体を発見した。解剖結果から、虐待死であることは明らかだった。死亡時、ケヴィン2歳3〜5カ月頃と推定され、

死後半年ほどが経過していた。

あまりに残酷な2歳児ケヴィンの死は、ドイツ中に大きな悲しみをもたらした。ブレーメン州の担当大臣は辞任、担当局の責任者は対応の不手際を認めた。養父ベルントは、10年の懲役を言い渡され、服役中である。

その後、ブレーメン州では「第二のケヴィンをつくらない」をモットーに、集中的な虐待防止策に取り組み始めた。2011年には全国で初めて、死因が不明な6歳までの子どもの司法解剖を義務化した。2012年、ドイツでは子どもの保護強化に関する新たな法律が施行され、虐待防止のための早期支援の取り組みを展開している。

1 法制度の犠牲からの脱却へ

■ 子どもを虐待するドイツ

2014年2月、ドイツの書店で平積みにされた本の中に、『子どもを虐待するドイツ』と題するセンセーショナルな書籍があった。ベルリンの法医学者2人が書いたこの本は、ドイツで週に3人の子どもが虐待死し、約70人の子どもが医師の治療が必要なほどのひどい虐待を受け、そしてそのほとんどが実の親や養親によるという凄惨（せいさん）な事実を伝えている（Tsokos/Guddat 2014：8）。

この書籍のタイトルは、直訳すると「ドイツはその子を虐待する」となり、この表現には違和感を抱く人が多いだろう。通常、虐待はある人が特定の対象に行う行為であって、一国家の行為ではない。しかし著者が敢えてこのタイトルで指摘しようとしているのは、多くの子どもたちが虐待を受け続けるドイツ国家の法制度の問題なのである。

ケヴィン事件は、ドイツにおける虐待防止法制の不備を象徴するものと

なった。その後、各州が虐待防止に取り組み、連邦レベルでも法制度改革が検討されてきた。2012年7月には後見人制度が改められ、青少年局職員一人当たりの被後見人数は50人以内に制限された[2]。ケヴィンの後見人には、当時240～270人の被後見人がいたことで、事件後に後見人制度の機能不全が指摘されていた。

■ 子どもたちを犠牲にしないために

ケヴィンの例だけでなく、悲劇的な虐待事件とともに法制度の問題点がセンセーショナルに報道される。それによって、ようやく法改正の論議が起きるということが、世界中で何度となく繰り返されてきた。法制度の犠牲となり、あまりにも多くの子どもの命が奪われ、多くの子どもたちが傷つけられてきたとしか言いようがない。

現在、世界各国で虐待防止のための法制度が模索されているが、そこには正解など存在しない。より適切な法制度への改革が目指されるのみである。本当の意味で虐待ゼロを実現するためには、子どもの受難をきっかけとしない、よりよい法制度への道が見いだされなければならないだろう。

本章では、「暴力のない教育」への法制度改革を通して家庭における体罰を禁止するに至ったドイツを取り上げ、未来のよりよき法制度へのヒントを探ることとしたい。

2　子どもの権利の拡大、親の権利の縮小の原則

■ ドイツ民法と日本民法

ここでまず、ドイツ民法と日本民法の関係について、簡単に確認しておきたい。ドイツ民法が制定されたのは1896年8月18日（1900年1月1日施行）、

日本の明治民法は同年4月27日（1898年7月16日施行）[3]で制定も施行もドイツが先だが、日本はドイツ民法草案の影響を強く受けている。日本の現行民法の親権総則には「成年に達しない子は、父母の親権に服する」（818条1項）とあり、制定当初のドイツ民法の「未成年の間、子は親権に服する」（1626条）とは表現上の違いはあるものの、ほぼ同じ内容だ。

日本民法のこの条文は、戦後1947年に改正されたもので、それ以降は変更されていない。一方、ドイツ民法は数度にわたって改正され、その姿を大きく変容させている。日本では2012年に虐待防止に向けた親権制度の見直しが行われ[4]、その際にもドイツの法制に関する調査報告書が参照された[5]。ドイツの法制度は、日本の法改正に影響を及ぼす存在であり続けている。

■「親権」から「親の配慮」へ

ドイツでは、1979年に民法の親子関係規定の大転換が行われた[6]。従来の「親権」（Elterliche Gewalt）の用語を廃棄し、「親の配慮」（Elterliche Sorge）へと変更したのである。ドイツ語の"Gewalt"（ゲヴァルト）は「権力」や「暴力」を意味し、学生運動等で日本語でも「ゲバルト」として用いられた。一方、"Sorge"（ゾルゲ）は「心配」や「世話」という意味であり、英語で言えば"care"（ケア）にあたる。民法が制定された19世紀当時の価値観から脱却し、新たな親子関係を象徴するキー概念として「配慮」が採用されたのである。

その約20年後、1998年には、親の配慮の義務性がさらに強調された[7]。「親は…権利を有し義務を負う」としていた一文を修正し、「…義務を負い、権利を有する」として、「義務」を「権利」より先に位置づけた。

親の権利は、子どもの利益のための権利であって、親自身の利益を追求するためのものではない。「配慮」の用語は、親の権利と義務の性質をより明確化したものであった。

■ ドイツの親子関係の原則

それでは、大転換を経たドイツの民法では、親子関係をどのように規定しているのだろうか。次に示すのが、現行の規定である。上に記した制定当初と比べると、全面的に変更されたことが一目瞭然である。

> 1626条1項 親は未成年の子に配慮する義務を負い、権利を有する（親の配慮）。親の配慮は、子の身上に関する配慮（身上配慮）および子の財産に関する配慮（財産配慮）を含む。
> 2項 親は子を育成し教育するにあたっては、自立的で自己責任を自覚した行為へと発達する子の能力と増大する欲求とを考慮するものとする。親は子の成長の程度に応じて、親の配慮の問題を子と話し合い、一致するように努めるものとする。
> 3項 両方の親との面会は、原則として子の福祉に属する。子がその成長に必要な結びつきを有する親以外の者についても、同様である。

1項は親の配慮の内容、2項は教育に際しての親の努力義務、3項は子どもと両親の面会について規定している。とりわけドイツに特徴的といえるのは、子どもの発達への考慮を親に求めた2項である。「自立的で自己責任を自覚した行為」への子どもの発達に考慮すること、そして親子の「話し合い」によって意見の一致に努めることが、親子関係の原則として記された。

■ 子どもの利益のための権利という性質

親の配慮は子どもの利益のための権利であるのだから、子どもの成長にともない、その範囲や強度は変化する。子どもが自分できちんと判断できるのであれば、親はそれを尊重するのが自然であり、またそのような発達

を促すことこそ親の役割である。

つまり、親の権利は子どもの成長とともに縮小していくものであり、逆に子どもの権利は拡大する[8]。親子の「話し合い」は、子ども自身の参加を保障するために必要不可欠となる。1979年の法改正には、これらの点を親に自覚させる意図があったのだ。

子どもの自立性と自己責任性の発達は、ドイツの教育においてもっとも重要視されていると言っても過言ではない。これらの発達を阻害する要因の一つに、虐待がある。虐待と密接に関わるのが、親から子どもへの懲戒や体罰である。ドイツでは、親子関係の原則と同時に、親の懲戒権に関する規定も修正された。次に、この点について見てみたい。

3 ドイツにおける親の体罰権の廃止

■ 懲戒権の歴史

日本の現行法制には、親権の効力としての親の懲戒権が明記されている。ドイツでは、すでに1957年に「懲戒」の文言は削除されながら、慣習的に親の懲戒権とそれに含まれる体罰権が残存していた。そして2000年の「教育における暴力追放に関する法律」[9]においてはじめて、家庭における体罰が法律でもって禁止された。その規定（1631条2項）の改正経過は次のようである。

1896年：父は教育権により、子に対し適当な懲戒手段を用いることができる。申し出により、後見裁判所は適当な懲戒手段の行使によって父を援助することができる。

1957年：後見裁判所は申し出により、子の教育に際して適当な処置によって

親を援助することができる。
1979年：屈辱的な教育措置は許されない。
1997年：屈辱的な教育措置、とりわけ身体的・精神的虐待は許されない。
2000年：子どもは暴力のない教育への権利を有する。身体的処罰、精神的侵害およびその他の屈辱的な措置は許されない。

1957年は懲戒権に関する前半部分を削除しただけであったが、1979年から1997年の改正によって、「虐待は許されない」ということがより強調されてきた。そして2000年になって、子どもは「暴力のない教育」への権利を有することが明示され、体罰（身体的処罰）も禁止されるに至った。

■ 教育のために懲戒権・体罰権は必要か

すでに述べたように、1979年の民法改正では「配慮」をキー概念とした親子関係の転換が図られた。当時、すでに親による子どもの虐待が問題視され、親の懲戒権を廃止すべきではないかという議論もなされた。このことは、「懲戒」の文字が民法から削除されていながら、一般に親の懲戒権が認められていたことの証しである。

1979年の改正では、「屈辱的な教育措置」を禁止することにより、適切な教育を行うための親の懲戒権を再規定するかたちとなった。この時点では、親による体罰は「屈辱的でない」限りにおいて認められ、禁止されなかった。「ぴしゃっと叩くことさえも、体罰として禁止されなければならないのか！」と、国会の場で熱い議論が繰り広げられた結果である。

子どもの教育を担う親には懲戒権も体罰権も必要だ、というのが当時の最終決定であったと言える。

■ 体罰と懲戒の違いとは？

「暴力のない教育」への子どもの権利と、家庭における体罰禁止が法制

化されたのは2000年である。そこに至るまでには、長い道のりがあった。

1990年10月３日に東西ドイツは再統一し、統一ドイツとしての憲法の見直しが行われた。そのなかでは、「暴力のない教育」への子どもの権利を憲法に明記しようとする法案さえも出されていた。しかし、これらの提案は通らず、親の教育権を規定した憲法の条項は修正されずに終わった。

これを受けて、各政党は虐待を禁止するための民法改正案を次々と提出しはじめた。「懲戒禁止法案」や「虐待禁止法案」など、いずれも懲戒権規定の改正を提起するものであった。家庭における体罰を禁止するに至るまで、懲戒、虐待、体罰、暴力など、関連する諸概念をめぐる議論が重ねられた。

「懲戒禁止」とされなかった理由としては、小遣いを減らすなどの罰の可能性などが挙げられた。罰としての懲戒は、その程度や方法は制限されるとしても、許容されたことになる。これによって誤解を招かないよう、懲戒権規定であった1631条には「身上配慮の内容と境界」という見出しが新たに設けられ、虐待禁止の意図が示された。

■「教育のため」であっても許されない行為

2000年の条文とそれ以前との大きな違いは、１文目に「暴力のない教育」への権利が挿入されたことはもちろんだが、２文目にも重要なポイントがある。「屈辱的な教育措置」という表現に替えて「屈辱的な措置」とし、「教育」という語を取り去った点だ。親の行為が「教育のため」に行われていても、そうでなかったとしても、「屈辱的である」ことのみをもって禁止としたのである。つまり、「教育のため」であることは虐待行為を正当化する理由にはならないということだ。

従来は、「屈辱的でない」教育措置は認められ、その一部に適切な体罰も含まれていた。それを盾にして、子どもに対する屈辱的行為を正当化する親が存在していたのも事実である。しかし、ほんらい親の行為が「教育

のため」であるか否かは、虐待判断の重要なポイントではない。何よりもまず、子どもの福祉、安全、命の保護のために支援の手が差し伸べられなければならない。

子どもには「暴力のない教育」をうけ、人として尊重される権利がある。どのような目的であれ、屈辱的な措置は虐待と判断されるということが、民法改正によって表明されたのであった。

4　世界の体罰禁止法制と子どもの権利

■　体罰禁止の世界的動向

さて、世界ではどのように虐待防止に取り組んでいるのであろうか。その動向を知るための一つの視点が、体罰禁止法制である。「子どもの体罰廃止グローバル・イニシアティヴ」では、世界各国の法制を調査し、家庭、学校および刑罰制度における体罰禁止法制についてまとめている。

そのデータによれば、2014年8月現在、39カ国が家庭における体罰を法的に禁止している[10]。1979年のスウェーデンにはじまり、80年代にはフィンランド、ノルウェー、オーストリアと続き、上述したドイツは11番目にあたる。近年では、2014年にマルタ、ブラジル、ボリビア、2013年にホンジュラス、マケドニアなどが法制化した。また一方で、法案が提出されながら、否決された例があることも付け加えておきたい。つまり、親の体罰権を認めるという決定をしている国もあるということである。

家庭における体罰を禁止している39カ国の中でも珍しい法制の例として、南スーダンが挙げられる。2011年7月14日に国連の193カ国目の加盟国となった南スーダンは、家庭および学校における体罰禁止を憲法において規定しているのだ。南スーダン憲法の権利章典には、「女性の権利」の次に

「子どもの権利」の項目がある[11]。「すべての子どもは権利を有する」にはじまり、8つの権利が列記され、6つ目に「親や教師等による体罰および残虐で非人道的な扱いからの自由への子どもの権利」が明記されている。

■ 子どもの権利の法制化

南スーダンのように、子どもの権利を憲法上に位置づける例は、それほど多くはない。アフリカ諸国の新しい憲法に見られる権利カタログのタイプや、「子ども」とは明記せずに年齢差別を禁止するスウェーデン王国憲法（2条4項）などの例がある（阿部/畑 2005: 148）。他には、憲法全面改訂を行った1999年の「スイス憲法」、憲法律として別に規定したオーストリア共和国の「子どもの権利に関する憲法律」（2011年）がある[12]。

世界の多くの法制において、子どもは権利の主体ではなく保護の対象として登場する。ドイツもその一例であり、子どもを保護するための親の権利を中心とした法体系が確立している。ドイツにおいて子どもの権利の憲法条項化案が否決され続けている主たる理由は、現行の法体系に合わず、齟齬の生じる危険性があるというものだ。

ドイツの法制の現状を踏まえると、親の懲戒権規定を改正して「暴力のない教育」への子どもの権利を明文化したことが、いかに大きなインパクトのあるものであったかが分かるだろう。

確かに、大きな一歩である。しかし、「暴力のない教育」の法制化は、最初の一歩に過ぎない。法制化したことを実際に実現するには、何が必要なのだろうか。

5 「暴力のない教育」法制化の後に

■ 親子の早期支援へ

　社会問題を指摘し続けるケン・ローチ（Ken Loach, 1936-）監督の映画作品に、子どもの福祉をテーマにした『レディバード・レディバード（Ladybird Ladybird）』（イギリス、1994年）がある。養育能力無しの烙印を押され、6人もの子どもを社会福祉局に奪われた母親の姿が描かれている。6人目の子どもは、何の相談や面談もなく、出産した病院内で親から引き離された。驚くべきことだが、実話に基づく作品である。子どもの保護を極端に強化しようとすれば、場合によってはこのような問題も生じかねない。

　虐待の問題は、親子を引き離すことだけでは解決しないところに、その難しさがある。日常的に虐待を受けながらも親の幸せを願う子ども、悩みながら子どもへの体罰を繰り返している親、どちらにも支援が必要である。それも、できるだけ早期の支援が求められる。

■「暴力のない教育」では救えなかった命

　冒頭のケヴィンの例は、「暴力のない教育」法制下において起こった事件である。その後、さまざまな虐待防止の取り組みや法改正が行われ、2012年には子どもの保護強化のための法律が施行された[13]。この法律により、ドイツの全ての州において、妊婦や乳幼児の親に対する早期支援ネットワークを強化する取り組みが行われている。支援の方法の一つは、家族支援のプロである「家族助産師」（Familienhebamme）の活用だ。2015年までの4年間で、連邦家族省が1億7,700万ユーロ（1ユーロ140円換算で約248億円）の援助を予定している。

「暴力のない教育」の法制化は、ドイツの虐待防止の大きな転機となった。しかし、それだけで虐待がなくなる訳ではない。虐待により死亡する子どもは、1歳未満の乳児が圧倒的に多い。初期の子育ては親や家族の負担も大きく、より多くの支援の手が差し伸べられる必要がある。ドイツの子どもの保護強化の取り組みは、家族全体の支援であって、妊娠中の親も対象としている。こうした早期支援の取り組みによって、「暴力のない教育」はようやく現実のものになると言えるだろう。

6　未来の法制度をつくる子どもたち

　社会で弱い立場にある人々の支援の難しさを、法学者のマーサ・ミノウは「差異のジレンマ」（Dilemma of Difference）という言葉で表現している。違いを認めれば排除につながり、否定すれば援助が困難になるというジレンマである。子どもは特別な存在だから援助するという立場は、子どもの差別やパターナリズムに陥りかねない。一方で、違いを認めなければ援助が困難となる。

　このジレンマを乗り越えるために、ミノウは差異そのものが社会的な文脈によってつくられていると捉える。その上で、排除されてきた人々の多様な視点を取り入れることの重要性を主張している（Minow 1990: 95）。例えば、子どもが無能のレッテルを貼られるのは、大人中心の社会において大人の物差しで測られるからであって、子どもの世界では全く違って見えてくるはずである。ならば、その視点を取り入れながら、現状を変革しようという発想である。

　子どもを犠牲にしない法制度改革は、子どもたちの協力なしには達成し得ない。子どもの声を聞き、その視点を取り入れることによってこそ、未

来の法制度はよりよいものとなっていくだろう。

　生涯、子どもから学び続けた教育者、思想家にヤヌシュ・コルチャックがいる。子どもの権利の父と言われる氏の根本思想は、「子どもはすでに人間である」という一言にあらわれる。「暴力のない教育」は、すべての子どもたちが人間として尊重されることを前提としているはずである。今後の法制度改革が、子どもの受難ではなく、人間としての子どもの尊重によって進められることを願いたい。

〔注〕

(1) ケヴィン虐待死事件については、下記資料を参考にした。
Dokumentationszentrum Couragierte Recherchen und Reportagen Website, Der Fall Kevin - tot im Kühlschrank. URL: http://www.anstageslicht.de/nc/geschichtenansicht/kat/kinder/story/der-fall-kevin-tot-im-kuehlschrank.html (accessed 2014-12-15). Ulrich Mäurer, *Dokumentation über die Abläufe und Zusammenhänge im Todesfall Kevin K. den 31. Oktober 2006*. Gäblers Info und Genealogie Website. URL: http://gaebler.info/politik/kevin-doku.htm (accessed 2014-5-3).

(2) 2012年7月5日施行。Gesetzes zur Änderung des Vormundschafts- und Betreuungsrechts vom 29.06.2011 (BGBl. I, S. 1306).

(3) 明治民法第4編・第5編の親族・相続法は1898年6月21日の第1次改正で追加された。当初の親権総則877条は「子ハ其家ニ在ル父ノ親権ニ服ス」に続いて但し書きがある。国立国会図書館「日本法令索引」データベースでは、明治19年2月公文式施行以降の省令以上の法令の制定・改廃経過等の情報が検索可能である。URL: http://hourei.ndl.go.jp/SearchSys/index.jsp (accessed 2014-5-9).

(4) 2012年4月施行。「民法等の一部を改正する法律」（平成23年6月3日法律第61号）。

(5) 法制審議会児童虐待防止関連親権制度部会第1回会議（平成22年3月25日開催）参考資料。法務省ウェブサイトで過去の審議会資料等が閲覧可能である。URL: http://www.moj.go.jp/shingi1/shingi04900007.html（accessed 2014-5-9）.

(6) 「親の配慮の新規制に関する法律」Gesetz zur Neuregelung des Rechts der elterlichen Sorge vom 18. Juli 1979, BGBl. I, S.1061.

(7) 「子ども法」Gesetzes zur Reform des Kindschaftsrechts vom 16. Dezember 1997, BGBl. I, S. 2942.

(8) 参照：結城2007：432-444.Walter Becker, Weichendes Elternrecht-wachsendes Kindesrecht, *Recht der Jugend und des Bildungswesens,* 1970, S. 364-367.

(9) Gesetz zur Ächtung der Gewalt in der Erziehung und zur Änderung des Kindesunterhaltsrechts vom 2. Nov. 2000, BGBl. I, S. 1479.

(10) 学校体罰については、全データの半数以上にあたる127の国や地域が法律で禁止している。End All Corporal Punishment of Children website, URL: http:// www.endcorporalpunishment.org/pages/frame.html（accessed 2014-9-8）.

(11) § 17. The Transitional Constitution of the Republic of South Sudan, 2011.

(12) Parlament der Republik Österreich, Bundesverfassungsgesetz über die Rechte von Kindern（935/A）, 2011.

(13) 「児童保護における協力および情報提供に関する法律」Gesetz zur Kooperation und Information im Kinderschutz vom 22. Dezember 2011, BGBl. I, S. 2975.

【文献一覧】

阿部照哉・畑博行編（2005）『世界の憲法集〔第三版〕』有信堂高文社

荒川麻里（2014）「親子関係への支援と介入」教師教育視聴覚教材研究会『映画で学ぶ《教育学》』最終号、pp.26-27

大江洋（2004）『関係的権利論：子どもの権利から権利の再構成へ』勁草書房

髙田敏・初宿正典編訳（2005）『ドイツ憲法集〔第4版〕』信山社出版

初宿正典・辻村みよ子（2010）『新解説世界憲法集〔第2版〕』三省堂

コルチャック, J.（2001）（ジョウゼフ, S. 編著、津崎哲雄訳）『コルチャック先生のいのちの言葉：子どもを愛するあなたへ』明石書店

結城忠（2007）『生徒の法的地位』教育開発研究所

Minow, Martha（1990）: *Making All the Difference: Inclusion, Exclusion, and American Law*, Cornel University Press

Tsokos, Michael/Guddat, Saskia（2014）: *Deutschland misshandelt seine Kinder*, Droemer Verlag

第6章

体罰の思想史
～教師の体罰はなぜ許されないのか

上原秀一
(宇都宮大学)

<概要>

　看護の世界で「聖人」といえばナイチンゲールですが、教育の世界ではスイス人のペスタロッチです。ペスタロッチは、18世紀の末に世界で初めて民衆のための学校を立ち上げ、19世紀には戦災孤児のための孤児院を経営しました。その「聖人」ペスタロッチが、孤児に体罰をふるっていたとすれば、ただごとではないでしょう。もちろん、体罰をふるっていた教師はペスタロッチだけではありません。上原は、体罰が有効な教育の方法として日常的に使われてきた伝統を、ヨーロッパの教育史のなかで確認しています。ただ、体罰が知育の方法として使われるときと、徳育の方法として使われるときでは、意味が違ってきます。ペスタロッチはどちらかというと、「粗暴な態度」を懲らしめるためなどの、徳育の方法として使っていたようです。このような面での体罰容認論は、こんにちの日本でも、体育系の部活の指導でよく見られます。上原は、ペスタロッチにつづく19世紀、20世紀の教育学者たちが、知育でも、徳育でも体罰に依存しない教育方法の開発に取り組んできたことを、あとづけています。

ペスタロッチの事例

　「民衆教育の父」と呼ばれる19世紀スイスの教育家ペスタロッチ（1746-1827）は、戦災孤児を受け入れる孤児院を経営したことでも知られている。そのペスタロッチは、孤児院で体罰を行っていたことを、つぎのように率直に認めている。
　「子どもたちは、私が罰を加えたすぐあとに握手を求め、さらにキスをしてやると、彼らは喜んだものでした。彼らは満足しており、私のビンタが嬉しかったと喜びの様子を見せました。このことについて、私が経験したもっとも強烈な事件は次のようなものでありました。私がたいへんかわいがっていた子どものひとりが、それをいいことにして、ある子どもを不当にもおどしつけたのです。これには私も怒りました。私はその子を殴って私の不興を思い知らせてやりました。かれは死ぬかと思うほどの悲しみようでした。そして15分ほど泣きつづけていました。その後、私が室外に出かかったとき、彼は立ち上がって、彼を私に訴えてきた子どものところに行き、許しを乞い、その子に対する彼の乱暴な振る舞いを告発したことについて、礼を言いました。」

■

　ペスタロッチが体罰を肯定しているこの文章は、多くの教育学者を戸惑わせてきた。日本では、戦前から教師の体罰が法律で禁止されてきた。だから、「教師の鑑」のように扱われてきたペスタロッチが体罰を肯定したのでは、困るのだ。実際、戦前・戦後を通じての代表的な教育学者の一人で、ペスタロッチ研究の第一人者の長田新（1887-1961）は、この箇所への

注釈で、教師には体罰を加える権利がないと書いた。やはりペスタロッチ研究で知られる長尾十三二（1924-）も、同じくこの箇所への注釈で、体罰を是認しようとする人々を容認できないと書いた（長田と長尾の注釈は、後に引用して論じる）。

ペスタロッチの体罰肯定論には、今日につながる近代的な体罰観の重要な要素が含まれている。本章では、体罰の思想史をたどりながら近代的な体罰観の構造を探りたい。

1 体罰否定の論理

■ 教師の体罰と親の体罰

教師の体罰は法律で禁じられているが、親の体罰は禁じられていない。教師の体罰は、学校教育法第11条で禁じられている。「校長及び教員は、教育上必要があると認めるときは、文部科学大臣の定めるところにより、児童、生徒及び学生に懲戒を加えることができる。ただし、体罰を加えることはできない」と定められている。教師は、教育のために児童・生徒に罰を与えることができる。しかし、体罰を加えてはならないのである。

一方、親が子に罰を与えることは、民法第822条で認められている。「親権を行う者は、第八百二十条の規定による監護及び教育に必要な範囲内でその子を懲戒することができる」と定められている。第820条では、「親権を行う者は、子の利益のために子の監護及び教育をする権利を有し、義務を負う」と定められている。

すなわち、親（＝親権を行う者）は、子の利益のための監護・教育（「監護」とは監督と保護のこと）に必要な範囲内で、子に罰を与えることができるのである。教師の場合と違って、親が体罰を加えることは禁じられてい

ない。民法の代表的な解説書では、「懲戒のためには、しかる・なぐる・ひねる・しばる・押入に入れる・蔵に入れる・禁食せしめるなど適宜の手段を用いてよいであろう」とされている。ただし、「懲戒」の名の下で児童虐待を正当化することのないように、親の体罰を制限する仕組みがつくられている。

このように、教師の体罰は禁じられているが、親の体罰は禁じられていない。教師の体罰はなぜ禁じられているのだろうか。文部科学省は、次のように説明している。「体罰による指導により正常な倫理観を養うことはできず、むしろ児童生徒に力による解決への志向を助長させ、いじめや暴力行為などの土壌を生む恐れがあるからである」という説明である。教師の体罰は、「正常な倫理観」を養うことができず、「力による解決への志向」を助長させるがゆえに、法律で禁じられているというのである。

しかし、もしもこれが体罰禁止の理由ならば、親の体罰も禁じられるべきではないであろうか。なぜ、教師の体罰だけが禁じられるのであろうか。教師の体罰に対する考え方と親の体罰に対する考え方は、なぜこのように違うのだろうか。これが体罰観の構造を探る1つ目の観点になる。

■ 学習上の過失と道徳的な過失

体罰は、子どもの過失に対する罰である。どのような過失に対する罰か。これが、体罰観の構造を探る2つ目の観点となる。

文部科学省の言うように「正常な倫理観」を養う上で体罰が有効かどうかを考えるならば、子どもの道徳的な過失に対する罰として体罰をとらえることになる。親が子どもに体罰を加える場合は、道徳性を育てるための「しつけ」として行うのがほとんどではないだろうか。漢字を覚えないとか、計算ができないなどといった学習上の過失を理由に子どもを殴る親は少ないだろう。仮にそういう親がいたとしても、その場合は、「努力が足りない」とか「真面目に勉強しない」などといった形で道徳的な過失に転

換した上で学習上の過失を体罰の対象としているのではないだろうか。

　後で見るように、学習上の過失に対する体罰は、歴史的には最も初期の段階で否定された（学習を褒美にせよ、褒美になるくらい楽しいものにせよ、と主張した思想家もいる）。それに続いて、道徳的な過失に対する体罰の是非が論じられるようになった。今日でも一般的には、体罰の対象は道徳的な過失と考えられており、学習上の過失に対する体罰は即座に否定される傾向にあると言えるだろう。漢字が書けない子どもを殴る教師や親は非難の対象になるだろう。

　しかし、中学・高校での運動部活動における体罰に限っては、学習上の過失に対する体罰が是認されてきた。大阪市立桜宮高校のバスケットボール部では、顧問教師がキャプテンの生徒に執拗な体罰を加え続けた結果、キャプテンの生徒が体罰を苦に自殺するに至った。顧問教師は、チームを強化するために、プレイで失敗するたびにキャプテンを殴っていた。顧問教師の行動は、運動部活動の世界では常識ともなっていた体罰観に基づいていたと考えられる。運動部活動における体罰は、学習上の過失に対する体罰が例外的に存続したものと考えられる。

■　近代的な体罰観を分析する観点

　このように、「親の体罰」と「教師の体罰」という第1の観点と、「学習上の過失に対する体罰」と「道徳的な過失に対する体罰」という第2の観点とによって、今日の状況につながる近代的な体罰観の構造を調べていくことができるだろう。今日では、親の体罰は（児童虐待とならない範囲で）肯定され、教師の体罰は否定されている。親の体罰のうち、道徳的な過失に対する体罰は肯定され、学習上の過失に対する体罰は否定されている。運動部活動における教師の体罰は、このような構造の外側で例外的に存続してきたと考えられる。このような今日の体罰観の構造は、歴史的にどのように形成されてきたのだろうか。

■ 近代的な体罰観の出発点

　西洋では、旧約聖書の「箴言」第13章24節に、「むちを加えない者はその子を憎むのである、子を愛する者は、つとめてこれを懲らしめる」と記されていることなどから、厳しい体罰の伝統があったといわれる。そして、体罰に対する批判の出発点に位置付けられるのが、16世紀オランダの思想家エラスムス（1466頃-1536）と17世紀チェコの思想家コメニウス（1592-1670）である。

　エラスムスは、「痛みの恐怖によって飼い馴らすことは奴隷的です」と言って、体罰の風習を批判した。彼は、「私達は息子たちを『子供たち（liberi）』と呼びます」と述べ、子どもを表すラテン語liberiが自由を意味するliberに由来することを指摘している。そして、自由人である子どもを奴隷のように鞭打ってはならない、というのである。

　コメニウスは、実物や絵を用いて子どもの「直観」（考えずに分かる分かり方）に訴える近代的な教育方法の創始者である。彼は、「学校はふつう、子どもたちの折檻場と見られ知能の拷問室と考えられています」と言って学校における体罰を批判した。彼は、「懲罰（disciplina）」は学校に必要なものだと言っている。しかし、「学校中に教師の怒声や拳骨・鞭の音がきこえなければならない、ということではありません」として、体罰は好ましくないものと考えていた（ただし最終手段としては認めていた）。そして、「厳格な懲罰は、学習つまり学問のために加えられるものであってはなりません。もっぱら徳行のためのものです」と述べた。コメニウスは、学習上の過失に対する体罰（＝厳格な懲罰）をやめよう、道徳的な過失に対してのみ体罰を行おうと主張したのである。

2 羞恥の罰と自然罰〜ロックとルソー

■ 体罰の社会史

　エラスムスとコメニウスは、古代・中世を通じて継続的に行われてきた厳しい体罰を、新しい思想に基づいて初めて批判したのだろうか。13世紀以降のルネサンス時代を生きた彼らは、ヒューマニズムの思想家といわれる。だから、彼らは確かに、ヒューマニズムという新しい思想に基づいて教育を見たのだとも言える。しかし、彼らは、それまで見過ごされてきた体罰の非人間性を初めて見いだしたのだ、というべきだろうか。1970年代以降に発展した新しい歴史学は、これと逆の解釈へと私たちを導く。

　民衆の日常生活の長期的な変動を研究する分野に、「社会史」と呼ばれる分野がある。フランスの社会史の研究者アリエス（1914-1984）は、15、16世紀に学校での処罰が罰金から体罰に変化したと指摘している。また、イギリスの社会史家ストーン（1919-1999）も、16世紀初頭に鞭打ちが「全ての学童に対して学業上の過失を罰するための標準的な常とう手段」になったと述べている。こうした見方によれば、エラスムスとコメニウスは、古代以来の体罰を批判したというべきではなく、15、16世紀以降に新たに激化した体罰を批判していたということになる。

　このことを理解した上で、コメニウス以降の体罰観の展開を見ていこう。そのために、コメニウスによる体罰の区別に特に注目しておきたい。「学習つまり学問のために加えられる」懲罰と「徳行のための」懲罰との区別である。例えば、ラテン語の文法を覚えられない子どもを鞭で打つ場合がある。教師に反抗的な態度を取る子どもを鞭で打つ場合もある。これら二つの体罰の間に意味の違いを認め、前者の体罰は明確に否定し、後者の体罰

は最終手段としてのみ容認する。このような論理構造が見られるのである。この論理構造は、その後の歴史でどのように展開していくのであろうか。

17世紀イギリスと18世紀フランスは、民主主義や個人主義などの近代社会のさまざまな原理が生み出された時代である。この時代を代表するイギリスのロックとフランスのルソーは、新しい社会のための教育はどうあるべきかを考えた思想家である。彼らは、そこに体罰をどのように位置付けたのだろうか。

■ 学習を「褒美(ほうび)」に ── ロック

17世紀イギリスのロック（1632-1704）は、市民革命の時代を生きた思想家である。絶対王政を終わらせ、市民層の立場を強めた「名誉革命」（1689年）の時代に活躍した。ロックの『教育論』（1693）は、市民層のリーダーである「紳士（ジェントルマン）」の階級にふさわしい、新しい教育のあり方を唱えた教育書である。「紳士」は、当時のイギリスの人口の４％程度を占めていたと言われる。ロックは、紳士階級が教育によって勤勉になり、正しい道を歩むようになれば、国民全体に秩序がもたらされると考えていた。

ロックは、「親たちが（中略）１つか２つの言語を覚えるのが教育の全部であるがゆえ鞭(むち)こそ唯一の手段だと思い込んでいることに暗然たらざるを得ない」と言う。彼は、読み書きを始めとする学習が、遊戯や娯楽のようになり、「ほうび」となるのを理想としている。学習上の過失に対する体罰を否定しているのである。また、しつけのための体罰も否定される。「子どもは鞭の恐怖がおおいかぶさっているあいだは服従し従順をよそおう。しかしそれがなくな（中略）ると、自然の性癖をもっと大巾に発揮するようになる」というのである。体罰は、ロックにとって「最も不適当なやり方」である。

■ 消極教育と自然罰——ルソー

18世紀フランスで活躍した思想家ルソー（1712-1778）は、主著『エミール』（1762）において、架空の少年エミールを誕生から結婚まで自らが教師となって理想的な方法で教育する、という思考実験を行った。ルソーは、近代人が、社会のために生きる社会人（＝市民）にも、自分自身のために生きる自然人（＝人間）にもなりきれない、矛盾を抱えた存在だと考えていた。彼の思考実験の目的は、エミールを完全な自然人として育てて社会の中で生きさせたならば、近代人の矛盾は解消するのではないか、という仮説を検証することであった。

12歳頃までのエミールに対する教育は、「消極教育」という名でよく知られている。積極的に「美徳や真理を教える」のではなく、「心を悪徳から精神を誤謬（ごびゅう）から」守るという消極的な教育である。消極教育における罰のあり方について、ルソーは、「子どもにはけっして罰を罰として与えてはならない」と述べている。罰は、「悪い行為の自然の結果としておこる」ようにすべきだというのである。例えば、子どもが家具を壊したら、しばらく壊れたままにしておいて、そのために起こる不都合を子どもに感じさせるのである。

■ ロックとルソーの思想課題——父の権威の確立と自然人の教育

ロックは、しつけのためには、幼いうちに「父親の権威」を確立するのがよいと述べている。父の権威への畏敬の念を持たせさえすれば、体罰を加えなくてもしつけが成り立つというのである。しかし、ロックは、「強情すなわち反抗」に対する体罰だけは認めている。痛みではなく「羞恥の念」を引き起こすように鞭を用いるならば、最終手段として体罰を認めるということである。父の権威を確立してなお強情な態度に直面したならば、鞭によって精神的な罰を与えるべきだというのである。

一方、ルソーの思考実験は、「もっぱら自分のためだけに教育された人間」である自然人としてエミールを育ててみることであった。だから、初期の教育において、子どもは、「自分が自由であることを感じなければならない」のである。ルソーは、「子どもは、何かをするとき、服従するとはどういうことかを知らないようにしたい。誰かが子どものために何かをしてやるとき、子どもは支配するとはどういうことかを知らないようにしたい」と述べている。「父の権威」を重視したロックと異なり、ルソーは、子どもと教師の間の支配－服従関係が子どもには見えないようにしておくことが必要だと考えたのである。

3 徳育のための体罰と知育のための体罰
～ペスタロッチ

■ ペスタロッチの思想課題

ロックとルソーに続いて近代社会における教育のあり方に大きな影響を与えたのが、19世紀スイスの教育家ペスタロッチである。ペスタロッチの体罰観は、今日の体罰観の原型をなしている。ペスタロッチは、「民衆教育の父」とも言われる人物であり、家庭教育のあり方を考えたロックやルソーと異なり、学校教育が国民全体に普及していく時代を生きた。当時のスイスは、特権階級の政治支配のために農村民衆が貧困に追いやられ、その後の工業化の進展によって民衆の暮らしが一層苦しくなっていくという時代であった。

ペスタロッチが後世の教育思想に大きな影響を与えたのは、彼が考案した「直観教授法」によってである。ペスタロッチの直観教授法は、最も基礎的な直観から高度な概念へと無理なく学習を進めていくための方法である。恵まれない環境ゆえに知的な学習能力をすり減らした民衆の子どもた

ちの教育に携わる中で、ペスタロッチが見いだした新しい教育方法である。

■ 道徳的過失に対する体罰の肯定 ── 「シュタンツ便り」

　フランス革命から約10年を経た1798年、ナポレオン率いるフランス軍は、スイスに自らの傀儡政権を樹立すべく軍事介入を行った。その結果、スイスは革命軍と反革命軍の間の内戦状態となった。内戦の結果、反革命軍の中心地シュタンツには多数の戦災孤児が発生した。

　ペスタロッチは、1798年12月から1799年6月まで政府の求めに応じてシュタンツで孤児院の経営に携わった。彼は、1799年に孤児院に関する友人宛の書簡を書いた。この書簡は、1807年に「シュタンツ便り」として刊行された。その中で、ペスタロッチは、子どもたちに「冷酷な態度や粗暴な態度が認められた場合には、私は厳格でした。そして体罰も加えました」と述べている。本章冒頭で引用したとおり、ペスタロッチは、冷酷な態度や粗暴な態度といった道徳的な過失に対して体罰を加えたのである。

■ 学習上の過失に対する体罰の否定 ── 『ゲルトルート児童教育法』

　一方、ペスタロッチは、学習上の過失に対する体罰は、当然のように否定していた。1801年の主著『ゲルトルート児童教育法』で、シュタンツを去った後に教育に携わったブルクドルフ学園での経験を振り返っている。ペスタロッチは、若い同僚教師がブルクドルフに赴任してきたとき、「彼はそれまで、生徒に綴り、読み、暗唱のための課題を与え、順番にたたせて暗唱させ、課題をやってこなかった生徒を鞭で罰する、というやり方以外には、何ら授業の方法を知らなかったのです」と述べている。このような鞭に頼る授業方法に代えてペスタロッチが考案したのが、先に述べた「直観教授法」なのである。

■ ペスタロッチの体罰肯定論への注釈

わが国で戦時中の1943（昭和18）年に「シュタンツ便り」を邦訳した長田新は、訳注で、「ペスタロッチーが体罰を加えたからと言って、世の普通の教師が体罰を加える権利があるなど思ったら、それは恐るべき妄想である。ペスタロッチーは愛の化身でもあれば神人でもあったのである」と述べている。「世の普通の教師」が、「愛の化身」かつ「神人」であるペスタロッチを真似て体罰を行うことがあってはならない、というのである。

また、1980（昭和55）年に同書を邦訳した長尾十三二も、同じ部分への訳注で、「体罰についてのペスタロッチの告白には、慎重に耳を傾けるべきである。『いずれ分かる時がくる』とか、『あとになれば感謝する』という言い方でもって体罰を是認しようとする人々、とくに自己の教育愛を誇示しようとする人々を、私は絶対に容認できない。体罰は、その瞬間に、あるいはその直後に、子どもに『温かさ』を感じさせるものでなくてはいけない。それはペスタロッチが述べているように、日頃培われた信頼感なしには期待できないことであろう」と述べている。ペスタロッチの体罰肯定論によって今日の教師が自らの体罰を正当化することを警戒しているのである。

■ ペスタロッチの体罰観をどう見るか？

しかし、ペスタロッチが、両親の体罰と教師の体罰を区別していたことを思い出さなければならない。彼は、「シュタンツ便り」で、「学校その他の教師が行う処罰は、彼らが、日夜、子どもと完全に損得抜きの関係で暮らしてもおらず、また子どもたちと同一世帯を構成してもいない以上、両親の処罰とは全く違っています」と述べている。シュタンツ孤児院でのペスタロッチは、親と同じように子どもたちと寝食を共にしていた。そこでは父親や母親のように体罰を行うべきだと考えていたのである。そして、

その場合、体罰は道徳的な過失に対するものに限られていた。一方、知育を担う学校であるブルクドルフ学園では、体罰は古くて意義の無い教育法に見えたのであろう。

ペスタロッチは、親の体罰を肯定し教師の体罰を否定した。また、学習上の過失に対する体罰を否定して道徳的な過失に対する体罰を肯定した。

4 学校教育の普及と体罰〜ヘルバルトとデューイ

■ 近代的な学校制度の普及

ペスタロッチが活躍した19世紀以降、欧米諸国では国民全体を就学させる近代的な学校制度が実際に普及していく。その動きを支えた代表的な教育思想家が、19世紀ドイツのヘルバルト（1776-1841）と、20世紀アメリカのデューイ（1859-1952）である。

ヘルバルトは、哲学から独立した学問として初めて教育学を成立させた人物である。彼は、教育の目的と方法を体系的に論じた。教育の目的は、子どもの中に強固な道徳性を形成することであると主張した。道徳性を形成するための方法として、ヘルバルトは、「教育的教授」（「徳育のための知育」ないし「知育による徳育」という意味）を提唱した。段階的な知育（＝教授）を通じて徳育（＝狭義の教育）を行うという考えである。ヘルバルトの教育学は、ヘルバルト学派と呼ばれる後継者たちによって、欧米の近代学校における教育方法の指導的な理論となった。

デューイは、ヘルバルト学派の教育方法を「旧教育」として批判した「新教育運動」を代表する人物である。新教育運動は、19世紀末以降の世紀転換期に起こった国際的な教育運動である。旧教育を教師中心・教科書中心と批判し、子どもの経験や自発性を重視する新しい教育方法を提唱した。

■ ヘルバルトの体罰批判

ヘルバルトは、「1回のちょっとしたいたずらでも欠点であり、2、3回ためになるように打つことは、よりよくなるための技術であると考えられている」と述べて、体罰を批判している。彼にとって、このような「さまつ主義」は有害である。本来、「性質の粗野な教え子」は、「心性のもっとも深い所を強く揺り動か」してやらなければならない。しかし、「打つ」ことにはその効果が無い、というのである。

「心性のもっとも深い所を強く揺り動かすこと」を、ヘルバルトは、教育的教授による「本来の教育」の役割と考えた。本来の教育によって「道徳性」が形成されるというのである。しかし、「本来の教育」を成り立たせるためには、「子どもたちを秩序の中に保つ」ことが必要である。ヘルバルトは、この秩序維持を、「本来の教育」から区別して「管理」と呼んだ。

「管理」は普通、「脅迫と監視」によって行われる。しかし、ヘルバルトに言わせると、これらは何の役にも立たない技術である。親のもつ「権威と愛」こそが、「子どものもっとも早い時期の服従の効果を維持する最上の手段」なのである。だから、教師は、両親を除外して自分の仕事をすることはできない。教師は、親の「権威と愛」で保たれた秩序の中で「本来の教育」を行い、系統的な知育によって「道徳性」を形成するのである。こうしたヘルバルトの主張には、親の体罰と教師の体罰の違いに対する認識が含まれている。

■ デューイの懲戒批判

デューイも、教育における「脅迫」について論じている。子どもが、本能的・衝動的に手に負えない行動をとり、それが迷惑で不愉快なとき、人は直接的な「統制（コントロール）」を行う。直接的な統制に用いられるのは、「侮辱や嘲笑や冷遇や叱責や処罰」といった「懲戒（disapproval）」である。子ども

が言うことをきかないとき、我々の統制は懲戒という最も直接的な形をとって行われるのである。

懲戒を使った脅迫は、子どもたちの中に「嫌な結果が生ずるという恐れ」を引き起こす。そして、何かをさせないようにすることができる。しかし、デューイは、脅迫のために逆に「狡猾さや陰険さ」、「言い逃れやごまかし」といった「もっと悪いこと」が起こるかもしれないと言う。脅迫によって言うことを聞くのは、強制力の作用から生じる「物理的結果」に過ぎない。これを「精神的結果」と混同してはならないというのである。

脅迫による統制は、一時の物理的結果しか引き起こさない。デューイによれば、精神的結果をもたらすのは、「別のいっそう重要で永続的な統制の様式」である。それは、「共同活動への参加」である。デューイは、統制を懲戒ではなく共同活動によって行うべきだと主張したのである。

■ 近代的な体罰観の原型

シュタンツ孤児院を経営したペスタロッチは、親の立場で子どもたちの道徳的な過失に対して体罰を加えた。しかし、ブルクドルフ学園では、教師の立場で学習上の過失に対する体罰を否定した。ヘルバルトは、道徳性を知的な学習によって形成しようとした。だから、道徳的な過失に対する体罰は当然否定された。しかし、学習のための秩序を生み出す「管理」においては、親のもつ「権威と愛」の重要性を認めた。デューイは、懲戒などの脅迫による統制を否定し、「共同活動への参加」による統制の必要性を唱えた。

このように、今日のわが国の体罰観の原型は、ペスタロッチの体罰観の中に典型的に見ることができる。ヘルバルトとデューイは、ペスタロッチに続く時代に、それぞれの形で体罰による徳育を否定した。今日の体罰観は、こうした近代の教育思想の延長線上にあるのである。

【文献一覧】

アリエス, F. (1980)（杉山光信・杉山恵美子訳）『＜子供＞の誕生：アンシャン・レジーム期の子供と家族生活』みすず書房

江森一郎 (1989)『体罰の社会史』（シリーズ・子どものこころとからだ）新曜社

エラスムス, D. (1994)（中城進訳）『エラスムス教育論』二瓶社

於保不二雄・中川淳編 (2004)『新版注釈民法 (25) 親族（5） 親権・後見・保佐及び補助・扶養 -- 818条～881条 改訂版』有斐閣

片山紀子 (2008)『アメリカ合衆国における学校体罰の研究：懲戒制度と規律に関する歴史的・実証的検証』風間書房

コメニウス, J.A. (1962)（鈴木秀勇訳）『大教授学1・2』（世界教育学選集24・25) 明治図書出版

鈴木勲編著 (2009)『逐条学校教育法〔第7次改訂版〕』学陽書房

ストーン, L. (1991)（北本正章訳）『家族・性・結婚の社会史：1500年～1800年のイギリス』勁草書房

デューイ, J. (1975)（松野安男訳）『民主主義と教育（上）』岩波書店

寺﨑弘昭 (2001)『イギリス学校体罰史：「イーストボーンの悲劇」とロック的構図』東京大学出版会

ペスタロッチ, J.H. (1943)（長田新訳）『隠者の夕暮・シュタンツだより』岩波書店

ペスタロッチ, J.H. (1976)（長尾十三二・福田弘訳）『ゲルトルート児童教育法』（世界教育学選集84) 明治図書出版

ペスタロッチ, J.H. (1980)（長尾十三二・福田弘・山岸雅夫訳）『シュタンツ便り他』（世界教育学選集92) 明治図書出版

ヘルバルト, J.F. (1960)（三枝孝弘訳）『一般教育学』（世界教育学選集13) 明治図書出版

牧柾名・今橋盛勝・林量俶・寺崎弘昭編（1992）『懲戒・体罰の法制と実態』学陽書房

安川哲夫（2000）「体罰」教育思想史学会編『教育思想事典』勁草書房、pp.478-481

ルソー, J.J.（1967-1969）（長尾十三二・原聡介・永冶日出雄・桑原敏明訳）『エミール1・2・3』（世界教育学選集39・40・41）明治図書出版

ロック, J.（1960）（梅崎光生訳）『教育論』（世界教育学選集 4）明治図書出版

第3部

子どもと虐待

第7章
子どもの虐待と母親支援

庄司一子
（筑波大学）

<概要>

　児童虐待は、母親のがわに原因があって起こるとしばしば考えられがちです。母子の関係は子どもの将来に大きな影響を及ぼしますが、子どもだけでなく、母親の成長にとっても重要です。母親自身が変わっていくことで、児童虐待が未然に防止されることもあります。庄司は、子育てに悩む母親Aの事例を取り上げ、Aさんが、「MCG（マザー・チャイルド・グループ）」と呼ばれる子育て相談活動に参加することによって、発達の遅れが見られる自分の子どもとの向き合い方が変わっていくプロセスを追跡しています。MCGには、保健師、臨床心理士を交えて、母親が4、5人参加しています。庄司自身も、臨床心理士として加わっています。当初、子育てに不安を抱え、自信が持てなかったAさんは、グループへの参加をとおして、「だれからも決して非難されず、否定もされない」という経験をし、子どもと向き合う姿勢ができてきて、職場への復帰にもめどがついてきます。母親Aさんの「成長」は、たいへん感動的です。

事例 〜 子育てのしかたに悩むAさん（32歳）

　Aさんは、育児休暇中の母親（32歳）である。家族は会社員の夫（35歳）、Aさん、Bちゃん（8カ月、女児）の3人家族である。車で15分くらいのところに夫の両親が住んでいる。Aさんは高校卒業後、専門学校に進学し、その後一般企業に就職した。まじめで几帳面な性格で、仕事もそれなりにやってきた。そのかいあってちょうど昇進の話が持ち上がったとき、子どもを授かった。産休と一年の育児休暇を取り子育ての日々を送っていた。

　6カ月健診の際、Bちゃんの発育が遅れていたため、保健師が気にかけ、電話で相談に乗ってきた。しかし、Aさんの不安がなかなか解消しないため保健師はAさんにマザー・チャイルド・グループ（MCG；後述）への参加を勧めることにした。

　グループにやってきたときのAさんの様子をスタッフは忘れることができない。Aさんは、Bちゃんを「荷物のように片手で持ってきた」のである。親は子どもを抱くとき腕の中に抱きかかえるように子どもを抱っこする。しかし、AさんはBちゃんを片手で持ってやってきた。Bちゃんは8カ月であるが、身長・体重は標準より少なく、発育が遅れており、お座りもできず、笑顔もあまり見られなかった。AさんはBちゃんを育てにくいと感じ、発育が遅れていることを心配していた。Bちゃんを保育所に預け、職場復帰するときが近づいていたがBちゃんの発育が遅れているのに職場復帰してよいものか、いざというときサポートしてくれる人もおらず、義理の両親に任せられる状況でもなく、どうしたらよいか決められず前に進めずにいた。

　Aさんは子どもを「持って来た」ところは他の母親と少し違うかもしれ

ないが、多くの母親と共通する点がたくさんある。このような母親（親）をどのようにとらえ、どのように支援すればよいのか、考えてみたい。

■

　児童虐待の報道は後を絶たない。それどころか年々報告数は増え続けている。実際、厚生労働省（2014）の発表（速報値）では平成25年度の全国児童相談所の児童虐待相談対応件数は73,765件であり過去最多、10.6％増とされる。今や児童虐待（以下虐待）は限られた人の特別な問題として捉えられる問題ではなくなり、日常の子育て状況に密接に関連する問題として捉え、「だれにでも起こりうる問題」と考える必要がある。

　虐待がこのように捉えられるものなら現代社会における子どもにとっての環境、親と子どもの関係は危機的状況と言わざるを得ない。子どもにとって親や家族との関係は愛着と人間関係の基盤であり、その後の発達に多大で永続的な影響を及ぼす。親にとっても子育ては、人生、親自身の成長に大きな影響を及ぼす（庄司1999、柏木2008）。

　虐待を受けている子どもへの支援は急務であるが、同時に虐待する親や保護者、養育者（以下親）への対応も急務である。虐待の背景要因の検討、社会的・法的措置・整備、関係者・関係機関の連携を含めた早急な対応が求められる。

　ここでは虐待の現状に簡単に触れ、虐待の背景要因、特に母親要因について述べ、母親支援に参加したAさんの事例を通して、虐待や子育てに悩む母親への支援、その効果、今後の母親支援について考察する。

図1　児童相談所での児童虐待相談対応件数（速報値）

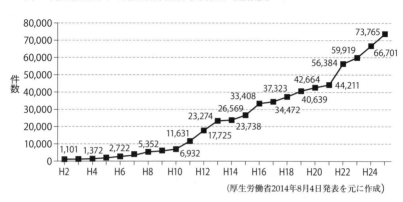

(厚生労働省2014年8月4日発表を元に作成)

1　児童虐待と背景要因、母親要因

■　日本における虐待の現状

　既述のように平成25年度の全国児童相談所の児童虐待相談対応件数は7万件を超え、過去最多である（厚生労働省 2014、**図1**）。対応件数の増加について厚生労働省（2014）は、社会的関心の高まり、警察との連携により通報による発覚の増加、虐待を受けた子どものきょうだいやDVを目撃した子どもの心理的虐待認定の動きが広がったことをあげている（朝日新聞2014年8月4日 児童虐待記事）。児童虐待の実態について西澤（2010）は、「実情は対応可能のキャパシティを大きくすればそれに合わせて通告件数も増加する、いわば『天井知らず』の状態」（p.25）と述べている。したがって児童相談所の相談対応件数を現実の虐待件数と考えたり、その増加と考えることはできない。案数は計り知れず、現代日本の子育て状況では、日常の子育ての中に虐待の可能性が潜んでいると考えざるを得ない（庄司2003、2013）。

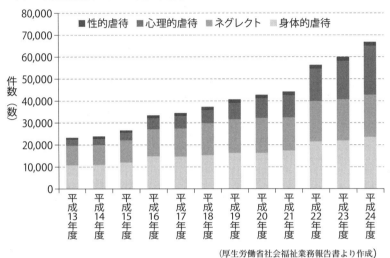

図2　児童相談所における児童虐待相談対応の内容

(厚生労働省社会福祉業務報告書より作成)

■　児童虐待のタイプと最近の傾向

　児童虐待は「児童虐待とは保護者が、その監護する児童について行う次に掲げる行為をいう」とされ、①身体的虐待、②性的虐待、③ネグレクト、④心理虐待、があげられる（平成24年4月1日改正施行「児童虐待の防止等に関する法律」第二条。8章参照）。

　平成24年度の虐待相談対応件数で多いのは身体的虐待（35.3%）、心理的虐待（33.6%）、ネグレクト（28.9%）の順であり、ネグレクトと心理的虐待の増加が指摘される（川崎 2011、**図2**）。ネグレクト、心理的虐待を受ける対象は乳幼児の比率が高く、主たる虐待者は実母である（57%）。虐待（心中以外）で死亡した子どもは51人（心中39人）でここでも主たる加害者は実母（75%）である。

　乳児期から幼児期までの幼少期に、親や家族との愛着を形成し、温かいケアを受け、温かい関係を持つことは子どもの成長発達、その後の発達においても非常に重要である。その親から日常的に虐待を受けることは子ど

図3　児童虐待の発生要因

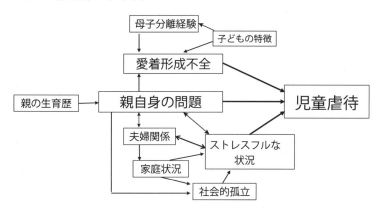

（庄司（2001）p.102を参考に一部修正して作成）

もの心身に大きな影響と深い傷をもたらす。日本では子育てにおいて中心的な役割を果たしているのは母親である。その母親が主たる虐待者になり、加害者となる。その理由は何であり、その背景は何であろうか。

■　虐待の関連要因と親の要因

　虐待が起こる要因として、主に（1）親の要因、（2）子どもの要因、（3）家庭・社会環境要因（養育環境）があげられる。さらに親の要因は、（1）親の生育歴、（2）現在の育児環境、（3）親の育児不安、孤立・孤独などの心理的状態があげられる。**図3**を見ると、これらがどのように虐待につながっているかが分かる。

(1) 親の生育歴：虐待と関連があると考えられるのが親自身の被虐待経験である。これは「世代間伝達」（intergenerational transmission）と呼ばれ、虐待を受けた親が子どもを虐待する連鎖が指摘されてきた（Kaufman & Zigler 1989、渡辺 2000）。連鎖の理由は、親による暴力が観察により学習されるとする考えと、もう一つは役割逆転（role reversal）と呼ばれ、

子ども時代の親からの満たされなかった愛情を子どもに求め、結局思い通りに子どもからの愛情が得られないと感じて子どもに暴力をふるう、とする考えである。また、西澤（2010）は虐待につながる親の心理状態を「虐待心性」と呼び、1歳から3歳と小学校低学年児童の一般の母親650名の、母親自身の被虐待経験と子どもへの虐待傾向の関連を検討した。その結果、親自身の被虐待経験は、親の虐待への肯定的考え、子どもの反応に対する被害的受け取り方、親の欲求優先傾向を通して子どもへの虐待の内容につながっていた。カウフマンとジーグラー（Kaufman & Zigler, 1989）は虐待の連鎖は30％程度と報告している。

(2) **現在の育児環境**：親が子育てする上で経済的、環境的に見て子育てに十分な環境下にあるかどうかという問題である。経済的不安定、貧困、夫婦の不和、子育てを支える人や相談できる人（夫、友人、親）がいない、親自身の精神疾患や何らかの障害、家庭内のストレスなども虐待のリスクとなる。

(3) **親の子どもへの育児感情、孤立・孤独感**：現代は、子育て中の大抵の母親が育児不安（牧野1982）、虐待不安（庄司2003）などの育児感情を経験する。育児不安は専業主婦で特に高く、背景には「育児は母親の手で」という周囲からの期待や「育児だけ」の不安と焦りがあるという（柏木2008）。こうしたネガティブな育児感情は不適切な育児や母子のメンタルヘルスの問題につながりやすい。また、母親は良き母親であることや周囲の期待がプレッシャーとなり、評価されることを避けるがゆえに他者との関係を避け社会から孤立しがちになる（高橋2010）。こうした孤立・孤独な状況の中で、本音を言える相手や援助者のいない子育ては親にとってイライラやストレスとなり、不満が高まり、苦行のようなものとなりかねない。

2　母親支援の実際〜考え方と方法

■　母親支援の種類

　子育ての問題や悩みを抱える母親への支援には、医療、保健、福祉、行政、教育、NPO、自助グループ等、さまざまな専門家、専門機関が関わり、さまざまな形態がある。具体的には次のものがあげられる。

①　定期的な乳幼児検診：子どもが0カ月、3カ月、6カ月、1歳、1歳半、3歳のときの発育・成長に関わる健康診断、健康指導。保健師、医療機関の医師、臨床心理士等による専門的で継続的なチェック機能を果たす。

②病院、保健所、保健センター、児童相談所、カウンセリングルームなどでの医師、保健師、臨床心理士、カウンセラーなど、専門家による子育て相談、支援。

③行政機関が主催して行う子育てサークルや子育て広場：地域の子育て支援センターなどに親子が集まり、親子が一緒に活動したり、一緒に遊んだり、情報交換するなどの、地域での子育て支援の取り組み。

④ペアレント（スキル）トレーニング、ノーバディーズパーフェクト、親業など、特定の考え方に基づく親のあり方、子どもへの接し方を学ぶ機会の提供。専門家、特別な訓練を受けた人による子育て相談・支援として行われることが多い。

⑤保育所、幼稚園、小学校などにおける保育・教育の専門家が教育現場において必要に応じて行う子育て相談。保護者との定期的面談、親の側の求めに教師が対応する面談、子どもについて教師の側から必要を感じて保護者と行う面談、日常の教育活動の中で何気ない対話の中で

生じる相談などが含まれる。
⑥子育てに悩みを抱えたり、つながりを求める親の子育てサークルなどの自主的取り組み。ツイッターやブログなどインターネットを通して知り合った子育て仲間が自主的に会を開き、悩みを共有し支え合う仲間作りが主な目的。近隣の子育て中の親のつながりとは異なる。一般市民の自主的グループのため実態は明らかではない。

■ 母親支援の例

筆者は地域の保健センターにて保健師と共に子育て支援に携わってきた。冒頭のAさんはそのグループミーティング（MCG）に参加した母親である。MCGとはMother and Child Groupのことである。そこに保健師と臨床心理士がメンバーとして参加し、ファシリテータ（司会進行）を務めながら参加者と同等に発言し、参加者を見守る。集団心理療法にも似ているが、指導や治療は行わないため基本的には自助グループと言えるだろう。

MCGの目的と対象：MCGは「子育ての不安や虐待の不安を抱える親への支援」「虐待予防」を目的として行われる。参加者の中には虐待、虐待の疑い、発達障害、育児不安、抑うつ、育児に自信がもてない、などさまざまな育児上の困難や悩みを抱える親が参加する。参加者は、保健師が健診や地域での相談活動を通して相談に乗った親のうち、MCGへの参加による効果が期待される親である。

MCGの方法：MCGは上記支援のうち②にあたる専門家による母親支援である。子育ての悩みを抱えた親が、その悩み、子ども、自分自身を語り合う場、聞き合う場で、グループミーティングの形式で行う。参加者には「子育ての悩みを自由に話をするグループがありますが、参加してみませんか」と呼びかけ、希望した者の中から主催者がいろいろな点を考慮してメンバーを決める。

<進め方>

①参加者：保健師2名（司会、記録）、臨床心理士かカウンセラー1名、子育て中の親4、5名。時間内に全員が発言できるよう人数を考慮する。

②1回の時間と期間：MCGは月1回〜4回、1回90分、1年継続する。ただし、期間と回数は参加者の状態、希望人数などで調整する。

③事前・事後カンファレンス：会の前後に毎回スタッフでカンファレンスを実施する。事前カンファレンスでは参加者確認、前回の振り返り、参加者の近況が報告される。カンファレンスの後、ミーティングが実施される。司会者はできるだけ全員が発言できるよう配慮して進行する。ミーティングでは参加者全員が同じ立場で発言する。終了後もカンファレンスを開き、振り返りを行う。親子の状態、変化などが話し合われ、必要によって保健師のフォロー、カウンセラーによる個別相談を実施する。

④子どもへの対応：親は子ども連れでMCGに参加でき、自分を振り返る時間が持てるよう、会の間は保育士、保健師が別室で子どもを預かる。子どもを預かる部屋はプレイルームかそれに準ずる部屋であり、ベビーベッドが備えられている。ミーティングの間は、子どもはここで自由に遊ぶことができる。

<約束>

会の始めに、毎回「3つの約束」を確認する。約束は、①他の人の話を否定したり非難しない（安心感の確保）、②ここで話したことや聞いたことは外に持ち出さない（秘密の保持）、③話したくないことは話さなくてもよい（発言の自由の確保）、である。約束を確認後、自由発言で会が進み、終了前には全員で一言感想を述べ、次回の日程確認を行って終了する。

■ 母親支援（MCG）の参加者の特徴

筆者が関わったMCGに参加した母親とその子育て環境にはいくつか共通する要因が認められる。大まかに母親自身と子育て環境の共通する特徴について、次に示す。

(1) 母親自身の要因

①虐待を受けた、それを見てきた経験があること

②何らかの専門的支援を有するか、障害を有する状態にあること（抑うつ状態、発達障害、不安性障害、人格障害、対人不安など）

③人と関わることが得意ではないこと（孤独な子育て）

④子どもの頃から、小さい子どもと関わった経験がないこと（子ども経験の不足）

⑤ひとりっ子、またはきょうだいがいても歳が離れていること

⑥子育てを完璧にしたいという意識、同時に子育てへの自信のなさ

⑦他人から子育ての援助を受けることへの抵抗感・うしろめたさ

⑧母親自身、特に考えることなく結婚、子育てをしていること（青年期の葛藤経験の不足、アイデンティティの確立の不安定）

(2) 子育て環境要因

①夫や親・義理の親など身近な家族の子育てへの理解とサポートの不足

②時に母親の実の親からの子育てに対する厳しい助言・批難

③母親から見て父親が頼りにならないこと（経済的、精神的な不安・不安定）

④子どもを外で遊ばせたり、他の親と話したりする機会の不足

⑤地域での子育て活動への不参加、地域環境になじめないこと

これらから支援の対象となる母親像を大まかに描くことができるであろう。事例のAさんもこの要因の多くがあてはまる。ただ、共通する要因と言っても細かく見れば事情は一人ひとり異なり、事情は変えられることと

変えられないことがあり、変えられることも、すぐに変わることとなかなか変わらないことがある。過去の経験は変えられないが、その受け止め方で変わる面もあり、人生における位置や意味がその後の経験で変わることもある。また、本人が変わることで周囲が変わることもある。これらを十分理解し、支援するためには事前のケース理解とアセスメントが重要になる。

■　MCGの活動を通した変化と支援の効果

MCGに参加することによって、母親にどのような変化が起こるのであろうか。これを考えるにあたり、まず、Aさんがどのように変化したかを見てみよう。

（1）Aさんの事例の変化

MCGに参加したAさんは、当初、非常に不安そうで落ち着きもなく、自分に全く自信が持てないという様子だった。グループの話し合いでも子どもへの接し方が分からない、離乳食の作り方が分からない、夫が子育てをサポートしてくれない、義理の両親はそばに住んでいるが相談に乗ってもらえない、子育てをサポートしてもらえそうにない、と悩みは尽きない様子だった。Bちゃんへの関わり方、子育てに対する不安と混乱を隠しきれず、次々と思いつくままの一方的な発言が多かった。

しかし、MCGへの参加が重なる中でAさんは次第に落ち着き、他のメンバーの話も聞くようになった。メンバーもAさんの不安と混乱を受け入れ、共感を示し、時には先輩ママからのアドバイスもあった。こうして回を重ねるごとにAさんはMCGメンバーに安心して心を開き、仲間と居場所を見いだし、MCGへの参加を楽しみにするようになった。

MCGへの参加の間は保育士と保健師が子どもを預かり、Bちゃんは専門家による関わりと支援を受けることができた。その結果、短期間に笑顔が増え、お座りもできるようになった。Bちゃんの発達が進むに伴い、A

さんのBちゃんの抱っこのし方も変わり、地域の子育てサークルにも積極的に参加するようになった。さらに、自分のこれからの仕事に対する考えも語られるなど発言や行動に確かな変化が見られた。Aさんは仕事復帰への意欲を高め、Bちゃんを預ける保育所も自分で探し、安心して仕事に復帰する目途がついた。

Aさんは、子育てに慣れない中、支援者のいない中で、発育の遅れたBちゃんの出産・育児、自分自身の不安と向き合い、MCGへの参加を通して自分を発見し、自分への自信を得ることができ、職場復帰して行った。

(2) 母親の変化

Aさんの例に示されるように、参加した母親の多くは、始め、ミーティングやメンバーに慣れるのに時間がかかるものの、回を重ねる中で日頃の不安、悩み、不満、愚痴などが述べられ、自己開示が進む。同時に落ち着きを回復していく。一年間、会に参加した母親の終了時の感想に多いのは、①悩んでいるのは自分一人ではない（孤独からの解放）、②何を言っても否定されない（安心感、受容感、自尊感情）、③自分を見つめることができた（自己省察）、④前向きに考えられるようになった（将来展望、自信の回復）である。さらに、⑤これまで誰にも話したことのなかったこと、自分自身のことを語れた（自己開示、自己洞察）という参加者もいる。

子ども中心の生活を送っていた参加者が、母親や妻としての自分、さらに一人の人間としての自分の生き方について見つめ直し、これからのあり方を考えるようになる。子どもを出産し育児に追われる毎日の中で、母親という役割を離れ、自分を見つめ考える時間ができたことが参加した母親を変化させる。このような時間が母親にとって必要なのである。

(3) 子どもへの関わり

参加者の子どもへの対応の変化として（参加者の感想から）、①一方的・感情的な関わりから子どもの様子を見ながら、一呼吸置いた関わりに変化した、②他の母親の話から他者に共感しつつ、同時に自分の関わりを振り

返り、他の母親の考え方、関わりを参考に子どもと関わるようになった、③他者からの共感や受け入れを通して、夫と協力して育児を行うようになったり、夫の育児観を参考にする、などの変化が見られた。

　それまで、子どもや自分が悪いと考え、子どもに苛立ち、腹を立てていた参加者が会を重ねる毎に自らの子どもへの関わりを振り返り、見つめ直し、他の母親や夫の考え方を参考にしたり、他者の力を借りて子育てできるようになる。閉じられた母子関係が開かれることによって、これが可能になる。

(4) MCGによる支援の効果

　Aさんの事例に示されたように、MCGへの参加によって参加者は「自己開示」と「仲間の受け入れ」を経験する。参加者の自己開示は、こうあらねばならぬ、よい母親でなければならぬなどの囚われていた規範意識から一歩踏み出し、孤独な育児、自信のなさ、自己否定から参加者を解放させる。さらに参加者間でこれが受け入れられることは参加者に温かい感情を与え、自分を受け入れ認めることに導く。また自分と育児を見つめ直し、子どもをも受け入れ、認め、母親同士の支えあう関係へと変化させる。会での「3つの約束」はこうした変化を保証する上で重要な役割を果たす。だれからも決して非難されず、否定もされないということを日常の子育て状況で母親はなかなか経験できないからである。また、保健師によるミーティグ終了後のきめ細かな個別支援も、参加者の変容、MCGの効果につながる背景にある。

3　母親支援の今後

■　母親への対応の必要

　実は、Aさん自身、子どもとの接し方、ミーティングでの発言、行動などから何らかの障害を持っていることが推測された。それが子どもとの接し方、周囲の人々との関わり方の困難につながっていたと考えられる。MCGに参加する母親の中には虐待やDVを受けた経験があったり、実際、虐待している場合もある。またAさんのように何らかの障害を抱えている場合もある。支援に関わる専門家や関係者はこれらを想定した上で支援を行っている。Aさんの場合はMCGへの参加に加え、子どもの変化がAさんの子どもへの関わりを変化させ、周囲の人との関わりをも変化させた。Aさんの場合は特に対応しなかったが、母親支援においては母親自身への個別対応が必要な場合もある。支援者はそれに十分配慮する必要がある。

　また、MCGのように集団での支援は個別支援と異なり、参加者間の相互関係が生じる。Aさんの場合は、参加者の支えがポジティブに作用したが、うまく行くばかりではない。支援者は個別と集団による支援のどちらを行うのが望ましいのか、効果があるかを見極めなければならない。したがって、支援を行う前の母親の理解とアセスメントが重要である。

■　これからの母親支援 ── 虐待予防と親教育の必要 ──

　これからの母親支援は、さまざまな親子の問題の解決、治療、予防の観点から進められなければならない。問題解決や治療は特定の対象者であるが予防は全ての親子が対象となる。原田（2006）は子育てサークルに通う母親の育児不安が高い、と指摘している。子育てサークルに通う親子はメ

ンタルヘルスがよいように考えられがちであるが、それは早計であるという。元気そうに見えても子育て中の母親はいろいろ抱えているということであろう。こうした親も含めさまざまな支援が行われながら、その効果検証が行われているとは言いがたい（庄司 2011）。支援のレベルと種類を見極め、適切に介入し、支援が連続的・継続的に行われ効果を上げるためにも適切なアセスメントと効果の検証が求められる。

　育児不安の高い親の中には子どもとの接触経験が不足している親も決して少なくない。被虐待経験やDVにさらされる親、虐待傾向の高い親への支援も行われなければならないが、同時にこれから親になる子どもたちへの「親教育」も必要である。子どもとはどのような存在か、子どもとどのように関わればよいのか、赤ちゃんはどのように発達・成長するのかなど、子どもを理解し、接し方が分かるように教える必要がある。厚生労働省（2013）は平成25年度から関係団体に呼びかけ、「学生によるオレンジリボン運動」を始めた。これは近い将来親になりうる若者を対象として「虐待のない社会の実現」を目的として始められた運動である（児童虐待防止全国ネットワーク、2014）。これはほんの一例である。親教育の必要性はようやく認識されるようになったが、まだこれから展開される必要のある課題である。小さい子どもや年少者との関わり、交流は、子どもへの苦手意識を減らし、思いやりやケアする心を育てる上でも重要である。虐待への対応と予防のためにも、今後は対象を拡大し、より早期からの取り組みが求められる。

【文献一覧】

柏木惠子（2008）『子どもが育つ条件：家族心理学から考える』岩波書店

川崎二三彦（2011）「子ども虐待の実態」庄司順一・鈴木力・宮島清（編）『子ども虐待の理解・対応・ケア』（社会的養護シリーズ 3）福村出

版、pp.27-44

庄司一子 (1999)「親を育てる：モード論の視点から」教育方法研究会『教育方法学研究13』pp. 85-101

庄司一子 (2003)「子育て中の母親が抱く虐待不安」筑波大学『平成14年度動的脳とこころのプロジェクト研究報告書』pp.179-202

庄司一子 (2011)「子育て支援　効果の検証：そのキーワードは何か？」『日本発達心理学会第22回大会発表論文集』pp. 42-43

庄司一子 (2013)「家庭での人間関係・社会性発達の課題と支援」長崎勤・森正樹・高橋千枝 編『シリーズ:発達支援のユニバーサルデザイン』〔第1巻〕金子書房、pp.33-45

庄司順一 (2001)「子ども虐待はなぜ起こるのか」高橋重宏 編『子ども虐待』有斐閣、pp.93-106

高橋惠子 (2010)『人間関係の心理学：愛情のネットワークの生涯発達』東京大学出版会

西澤哲 (2010)『子ども虐待』講談社

原田正文 (2006)『子育ての変貌と次世代育成支援：兵庫レポートにみる子育て現場と子ども虐待予防』名古屋大学出版会

牧野カツ子 (1982)「乳幼児を持つ母親の生活と育児不安」『家庭教育研究所紀要17』pp. 14-21

渡辺久子 (2000)『母子臨床と世代間伝達』金剛出版

Kaufman, J. & Zigler, E. (1989) The intergenerational transmission of child abuse. In D. Cicchetti and V. Carlson (Eds.), *Child maltreatment: Theory and research on the causes and consequences of child abuse and neglect.* Cambridge:Cambridge University Press, pp.317-348

厚生労働省 (2007)「子ども虐待対応の手引きの改正について」(平成19年1月23日雇児発第0123003号厚生労働省雇用均等・児童家庭局総務課

長通知）http://www.mhlw.go.jp/bunya/kodomo/dv12/02.html
（2014年11月27日確認）

厚生労働省（2014）「厚生労働省　児童虐待の防止等に関する法律（平成十二年法律第八十二号）」http://www.mhlw.go.jp/bunya/kodomo/dv22/01.html（2014年11月27日確認）

厚生労働省（2013）「平成25年度『学生によるオレンジリボン運動』」http://www.mhlw.go.jp/stf/houdou/0000022976.html（2014年11月27日確認）

厚生労働省（2014）「平成25年度に全国の児童相談所で対応した児童虐待相談対応件数（速報値）」http://www.mhlw.go.jp/file/04-Houdouhappyou-11901000-Koyoukintoujidoukateikyoku-Soumuka/0000053235.pdf（2014年11月27日確認）

児童虐待防止全国ネットワーク（2014）「オレンジリボン運動公式サイト」http://www.orangeribbon.jp/about/child/data.php（2014年11月27日確認）

第8章 孤立する母親と児童虐待

日暮トモ子
（有明教育芸術短期大学）

<概要>

　児童虐待に実母が関わっているケースは多くあります。なぜ母親は、自分の子どもにそういうことをしてしまうのでしょうか。日暮は、都市化や核家族化や少子化が、家庭の子育て環境を大きく変えてきた、と指摘します。そのなかで、「よき母親」のイメージが押しつけられ、母親は不安やストレスを感じています。それは、都市だけでのことではありません。農村でも同じであることを、日暮は自身の調査で確かめています。母親たちは、親として子育ての責任を負いながら、「女性としての自己実現の欲求」も持っています。そこにジレンマを感じながら、子どもを叱ってしまうのです。こうした悩みの解消策としては、インターネットを利用するほかないのが実状です。孤立する母親への社会的な支援を、日暮は強く求めています。

1　社会問題としての児童虐待

■事例

　「子供らは、本件犯行に先立ち、ほかに頼ることのできない母親である被告人から育児放棄を受けて発育が遅れ、衰弱し、被虐待児に特有の無表情が現れる状態に陥っていたところ、本件犯行により、何らの罪もないのに、極度に過酷な心身の苦痛を受けた挙げ句に、かけがえのない命を奪われ、大いなる前途を絶たれてしまった。子供二人の尊い命が奪われた結果は、誠に重大である。本件の量刑を決するに当たっては、以上のような、犯行態様の残酷さ、結果の重大性を何よりも重視すべきである。」

　「また、本件は、幼い子供二人が自宅である都会のマンションの一室で母親に放置され、飢餓に苦しんで亡くなり、その遺体が腐敗した状態で発見されるという悲惨な事件であり、社会に大きな衝撃を与えるとともに、本件後、児童虐待に対する公的制度等がより手厚く整えられるなど、社会的影響も顕著であった。」

■

　上記は、ある児童虐待に関する事件の判決文の一部である。日々メディアでは、児童虐待をめぐる事件が取り上げられている。なかには、保護者（親）からの虐待によって、生命までが奪われる痛ましい事件もある。法律（民法）上、保護者（親）から教育・保護される対象であるはずの子どもが、その保護者によって身体的・精神的な暴力的行為や育児放棄（ネグレクト）を受けている。このような状況に子どもが置かれるようになったのはなぜだろうか。

児童虐待に関する事件が大きく報道され、社会的に注目され始めたのは1970年代ごろからである。当時、東京・渋谷のコインロッカーに遺棄された嬰児の遺体が発見されたことで話題となった（「コインロッカー・ベイビー事件」）。同事件以後、現在に至るまで、類似の事件がいくつか発生している。例えば、映画化された、東京豊島区の巣鴨のマンションに母親が子供たちだけを置き去りにし、死亡させた事件（1988年）や、大阪・西区の二児置き去り餓死事件（2010年）がある。後者は、23歳の母親が、3歳の女児と1歳9カ月の男児を大阪市西区の自宅に約50日間にわたって放置し餓死させた事件であり、被告の母親に対しては、その「犯行様態の残酷さ、結果の重大性」が「社会に大きな衝撃」を与えたことから、最高裁において懲役30年の判決という虐待に関する事件でもまれにみる量刑が確定している。上記判決文は、同事件のものである。

■

　保護者が子どもに行う「しつけ」や「教育」は、その行為自体に他者（子ども）を支配し、指導するという意味をもつ。それゆえ、ときとして、「しつけ」と「虐待」、「教育」と「体罰」の線引きが難しいことがある。しかし、たとえそうであったとしても、子どもに生きるための手段を身につけさせる営みが「しつけ」や「教育」の本来的意味であるならば、結果として子どものいのちを奪うことになってしまうようなことは、「しつけ」とも「教育」とも言うことはできない。
　児童虐待の問題は子どもの問題として捉えられがちであるが、「虐待」という行為はむしろ大人側、社会の側の問題である。地域から孤立した子育て家庭の母親が子育てに悩んだ際、誰かに助けを求めたり、相談したりすることができる体制が社会の側に整っていれば、虐待にまで至らなかった場合もあったかもしれない。つまり、児童虐待の問題は、たんなる家族の問題を越え、社会のあり方を問う問題でもある。

そこで本章では、まず、保護者と子どもの関係について民法で示されている「親権」の規定を整理する。さらに、「児童虐待防止法」での児童虐待の定義と、児童虐待の発生要因について確認する。その上で、家庭において子育ての主たる担い手である「母親」の置かれている状況に着目し、母子関係が変容している中で、児童虐待の問題にどう対処すべきかを考えていきたい。

2 親権と児童虐待

■ 親権

わが国では、民法に「親権」の規定がある。この親権を根拠として、保護者（親）は、子どもを監護・教育する権利と義務を有し、かつ、監護・教育にとって必要な場合に懲戒することができるとされている。保護者が子どもを教育したり、叱ったりすることができるのは、まさに親権があるためである。

しかし、保護者が子どもを監護・教育したり、懲戒したりする権利や義務を有しているからといって、その権利を無制限に行使することは許されていない。児童虐待に関する事件や判決において、「しつけ」や「教育」としてわが子をたたいたり、食事を与えなかったりすることは、親権の「濫用」とみなされる場合がある。こうした親権の濫用を防止するため、民法において親権の行使は「子の利益」が前提となっており（第820条）、濫用の程度がはなはだしい場合、親権の喪失または最長2年の停止の措置をとられることもある（第834条）。

■ 児童の権利擁護としての児童虐待防止法

　以上のように、民法上、親権を有する者（保護者）は、保護を必要とする状態にある児童を保護する義務がある。また、成年に達しない子どもは「父母の親権に服する」ことと定められている（第818条）。それにもかかわらず、今日、父母から虐待を受ける子どもたちが存在している。

　戦前にも、児童を見せものにしたり、乞食をさせたりすることを禁止する「児童虐待防止法」（1933年制定）が存在していたが、戦後の1948年に成立した「児童福祉法」に統合され、廃止された。たしかに、この児童福祉法には虐待を受けた（あるいは、受けたと思われる）子どもに対する一定の法的保護が盛り込まれていたが、法律上において「虐待」の定義は示されず、それへの対応や法的整備はなかなか進まなかった。

　こうしたなか、1989年の国連総会で「児童の権利に関する条約」（通称「子どもの権利条約」「児童の権利条約」）が採択され（日本での批准は1994年）、同条約に子どもの虐待やネグレクトの言葉が明記された。これを契機として、わが国では1990年代から児童虐待への対応が本格化し、2000年に制定された「児童虐待防止法」（「児童虐待の防止に関する法律」）において、初めて児童虐待は、①身体的虐待、②性的虐待、③ネグレクト、④心理的虐待の4つに分類され定義されることになった。同法第1条には、「児童虐待が児童の人権を著しく侵害し、その心身の成長及び人格の形成に重大な影響を与えるとともに、我が国における将来の世代の育成にも懸念を及ぼす」ことから、「児童の権利利益の擁護に資する」ために虐待防止への対応が必要である、と防止法制定の目的が示されている。

■ 児童虐待の発生する要因

　このように法的整備が進んできているものの、児童の権利を脅かす虐待はなかなか止まらない。虐待が発生する要因について、厚生労働省作成の

「子ども虐待対応の手引き」(平成25年8月改正版)には、次のような説明がある。「子ども虐待は、身体的、精神的、社会的、経済的等の要因が複雑に絡み合って起こると考えられている。しかし、それらの要因を多く有しているからといって、必ずしも虐待につながるわけではない。虐待のおそれを適切に判断するためには、リスク要因とともに、虐待を発生させることを防ぐ家族のストレングス(強み)とのバランスを意識してアセスメントすることが重要である。一方で、虐待する保護者には、経済不況等の世相の影響、あるいは少子化・核家族化の影響からくる未経験や未熟さ、育児知識や技術の不足、さらに世代間連鎖等多岐にわたる背景が見られる。地域社会からの孤立や人的なサポートの希薄さもまた重要な要因となっている」(p.26)。こうした説明の上で、虐待の発生要因を、①望まない妊娠、育児不安、被虐待経験など「保護者側」によるもの、②乳幼児、未熟児、障害児など「子ども側」によるもの、③経済的に不安定な家庭、地域や親族家庭から孤立した家庭、未婚を含むひとり親家庭、夫婦間不和など「養育環境」によるものの3つに分類している(p.29)。

「子ども虐待対応の手引き」に示されているように、児童虐待は、「身体的、精神的、社会的、経済的等の要因が複雑に絡み合って起こる」とされ、「それらの要因を多く有しているからといって、必ずしも虐待につながるわけではな」く、どの子育て家庭にあっても起こりうる可能性のある問題でもある。虐待発生の要因が複合的であるがゆえに、虐待への対応が困難となっているのである。

では、子育て家庭において虐待の問題は具体的にどのように論じられているのだろうか。以下では、子育て家庭の現状、とくに母親のおかれている状況から虐待の問題を見ていく。

3　子育て家庭における「母親」の現状

■「実母」による虐待

　児童虐待防止法が制定され、虐待防止に対する措置が進められつつあるものの、児童虐待件数は少なくなってはいない。例えば、厚生労働省は、毎年、全国の児童相談所における児童虐待に関する相談対応件数を発表している。それによると、2012年度の相談対応件数は66,701件であり、防止法施行前の1999年に比べ、5.7倍である。虐待の種類別内訳は、身体的虐待35％、心理的虐待34％、ネグレクト29％、性的虐待2％の順である。虐待者別内訳は、実母57％、実父29％、実父以外の父6％、実母以外の母0.8％、その他（祖父母、伯父伯母等を含む）7％で、圧倒的に「実母」による虐待が多い。被虐待児別の内訳は、0歳～3歳児未満19％、3歳～学齢前25％、小学生35％、中学生14％、高校生等7％であり、学齢前までの乳幼児に対する虐待が半数弱を占める。

　ここで示された数値は実際に発生した虐待件数を示すものではなく、また、虐待の全てが、児童相談所に「相談」として持ち込まれるわけではない。あくまでも児童相談所が対応した虐待に関する「相談対応件数」である。

　しかしながらこうした数値から、小学校入学前の乳幼児が実母から虐待を受けている可能性が高いことが想像できる。実母による虐待は、統計を開始して以来、毎年6割前後の割合を占める。諸外国を見ると、日本と同様、児童虐待件数が増えつつある韓国では、実父による虐待が6割を占めるという（川崎2006、pp.64-65）。日本で実母が虐待に関わるのは、子育てに父親が関与する割合が少なく、子育ての担い手が主に母親であることが背景にあると考えられている。

■「母親」の育児責任と「女性」としての自己実現

　児童虐待において、実母がなぜ幼いわが子を虐待してしまうのか。いくつかの理由が考えられるが、その理由の一つとして、子育て家庭の変化があげられる。戦後、都市化や核家族化、少子化の進行などによって、子どもの育つ環境は著しく変化した。以前のような、地域において地域の子どもを育てていくといった考え方が薄れ、子育てやしつけもかつては地域社会で行われていたが、しだいに個々の家庭が担うべきものとなった。このことは、戦後の社会構造が、共同体中心の社会から個人中心の社会へと変化した過程に対応している。

　個人中心の現代社会にあっては、子育てはもっぱら個々の家庭に任されることになり、子どもの教育に関する最終的な責任を「家族」という単位が一身に引き受けるようになった（広田 1999, p.181）。とくに戦後の産業化の進展は、父親は外で働き、母親は家庭で家事をするといった性別役割分業体制を推し進めた。さらには、産業化によって母親が担っていた家事労働の時間が軽減するにつれ、家庭において育児にかける時間が増加した。これにより、家庭において母親が子育ての主な担当者になっていったのである。

　子育てにおける母親の役割が強調されるにつれ、「よき母親」とはどのような母親かといった語りが聞かれるようになった。子どもの育ちにとって母親の世話と愛情は不可欠であり、母親たるものは本能として普遍的に「母性」を持つと考えられ、さらにそれが、子どもが三歳になるまでは母親は育児に専念すべきといった「三歳児神話」と結びつくことによって、子育てにおける母親と子どもの関係性をいっそう強めることになった。

　たしかに、子育てにおける「母親」の役割が強調されたことによって、子育ての重要性が社会に共通に認識され、母親の教育的役割も重視されるようになった。しかしながら、「よき母親」のイメージが強調されればさ

れるほど、母親による子育てをいっそう困難にさせている面もある。「子どものため」によりよいしつけや教育を過剰に探し求めることが、かえって子育てに対する不安を増大させることにもなる。こうした不安や悩みは「育児不安」や「育児ストレス」といった問題、さらにいえば、育児ノイローゼや児童虐待を引き起こすことにもつながっていくこともある。

　以前、筆者は都市と農村の子育て家庭の保護者（主に母親）に対し、子育てにおいて保護者がどのような悩みや不安を抱えているかについてアンケートおよびインタビューを行ったことがある（日暮ほか 2012、2013）。その結果、都市においても、農村においても、約半数の母親が子育てに対して何らかの悩みや不安を抱えていたことが分かった。そしてその不安や悩みの内容は、両地域ともに、「子どもの発達や発育」に関するもののほか、「子どもを叱りすぎているような気がする」といった回答や、「仕事や自分のやりたいことが十分にできない」といった回答が多く見られた。さらに、不安や悩みの解消の方法については、友人・保育者・親類への相談のほか、雑誌・書籍を読む、インターネットを利用するといった回答があった。

　この結果から、子育て家庭の母親は、都市においても農村においても、子育てに対する不安や悩みは少なからず抱えていること、さらにその不安や悩みは、家庭における子育てを担う「母親」としての役割のほか、女性としての、個人としての自己実現に関する内容にも及んでいる。ことが分かった。言い換えれば、子どものしつけや教育に対する責任と、女性としての自己実現への欲求のあいだで、ジレンマを抱く母親の姿が垣間見られた。このジレンマの中でストレスを募らせている姿が、今日、地域から孤立して子育てをしている母親の姿ではないだろうか。例えば、「子どもを叱りすぎてしまっている気がする」という反省や、悩みや不安の解消方法として、インターネットが利用されているという実態は、悩みや不安を一人で解決しようと努めている母親の一面を、表しているように思われる。

4 孤立する母親への支援をどう展開するか

■ 虐待をしてしまった母親の苦悩

　西澤哲『子ども虐待』（2010）には、虐待をしてしまった母親の様子が記されている。以下の引用は、幼少期に虐待を受けていた母親の事例の紹介である。ここには、虐待を受けていた母親が、同じように子どもに接してしまう苦悩が示されている。

> 妊娠を知ったときには、生まれてくる子どもには絶対に自分と同じような思いはさせまいと心に誓ってきた。しかし、現実は違った。言うことを聞かず駄々をこねる子どもを目の前にしたとき、頭が真っ白になり、気がつくと子どもを殴ってしまっている自分がいた。そのたびに強烈な嫌悪感におそわれ、殴られて目の前に横たわっている子どもを抱きしめ、泣きながら「ごめんね、ごめんね、ママが悪かった。もう絶対しないから、許してね」と声をかけた。しかし、その約束が守られることはなかった（前掲書、p.62）。

　この母親は暴力を振るうまいと心に決めていながらも、何らかのきっかけで暴力を振るってしまい、自分の行為が虐待であることは分かっていながらも、やめることができず、苦しんでいる。
　このような事例は「虐待の連鎖」として語られる。だが、幼児期に虐待を受けたとしても、自分の子どもに対して必ずしも虐待するとは限らない。むしろ虐待をしない人も多いとの指摘もある（石川 2011、p.73）。にもかかわらず、過去に被虐待経験のある母親たちは、「虐待の連鎖」の存在が当

然のごとく言われることによってその呪縛に苦しみ、子育てや人生に不安を覚えるという。

　たしかに児童虐待において親から虐待を受けた被害者が、自分の子どもに虐待をするといった「虐待の連鎖」はよく聞かれる。その一方、「虐待の非連鎖」については語られることは少ない。それゆえ、幼少期に虐待を受けた経験を持っている母親は、誰にも相談できずにいるのである。

　虐待の連鎖、非連鎖にかかわらず、なぜ母親はわが子を虐待したり、命を奪ったりしかねない行為に至ってしまうのか。19世紀に貧民教育を実施した教育者ペスタロッチ（1746-1827）は、論文「立法と嬰児殺し」（1783）のなかで、女性がわが子を殺すのは「絶望ゆえ」（p.24）と論じた。不徳な男性に裏切られ、神への愛や信仰が消え、人間性の最後の感情が消え失せたとき、わが子を殺めてしまう、という。ペスタロッチは、こうした悲劇をなくすためには、法律で厳しく取り締まるよりも、社会全体で女性を見守り、育児を手助けしていくような体制を築くことが必要だ、と説いた。

　はからずも、今日の児童虐待が生じる問題構造も、ペスタロッチの時代とよく似ている。「絶望」の淵に立たされた母親たちを、今日、どのように支援していくことができるであろうか。

■　孤立する母親への支援に向けて

　先に見たとおり、子育て中の母親は、母親としての役割を果たす責任と、女性としての自己実現への欲求との間で、ジレンマを抱えている。さらにまた、幼児期に被虐待体験を持つ母親の場合、いつ自分が子どもを虐待してしまうかといった不安を抱えながら、周囲に相談できずにいる。多くの母親が、地域から孤立し、子育ての不安や悩みを抱えながらも、周囲に相談できないでいる。孤立化した状況によって、ますます子育ては個別化し、子育ては大変なものだ、とする雰囲気が社会の中で生み出されている。

　子育て家庭の不安を解消すべく、近年、国や自治体は、個々の子育て家

庭のニーズに合わせて、さまざまな子育て支援策を展開している。しかし、個々の家庭の多様なニーズ全てに応じることは難しい。むしろ、個々の家庭の多様なニーズを満たそうとすればするほど、技術的な支援に陥ることになり、子育て家庭の個別化は進んでいく。その結果、子育ての主たる担当者である母親が抱える悩みや不安はいっそう増大し、ストレスを抱えることになる。育児や子育てに対する欲望が満たされない場合、身体的暴力やネグレクトといった虐待に至るという構図が浮かび上がってくる。

　こうした母親にどのような支援が必要なのであろうか。都市化、核家族化の進行によって地域から孤立した子育て家庭に対し、「子育ての社会化」が提唱されることがある。しかし、子育ての社会化が、「社会全体で子育てを行う」という意味だけでなく、子育てを外注する（アウトソーシング）という意味でも解釈される場合もある。子育ての外注化は一時的な問題解決になったとしても、子育て家庭の母親の孤立状況の根本的解決にはつながらない。

　現代の社会は、地域的つながり、血縁的つながりを軸に構成されていた共同体中心の社会から、個々の生活を軸に構成される個人中心の社会へと変化してきた。子どものしつけも、かつての親孝行な人に育てるといった伝統的な価値観から、一人ひとりの子どもの個性を伸ばし、発達を促すような価値観へと変容している（小山 1973）。このように、個々の家庭で一人ひとりの子どもの個性や能力の発達を促す、成長促進的な子育てが展開されるようになった反面、社会構造の変化のなかで、子育て家庭は孤立し、母親の孤立状況が深刻化し、子育てがますます困難になっている。子育てが困難になりつつある状況にあって、虐待防止のために量刑を厳罰化したとしても、あまり効果は望めない。あらためて、子育て家庭を地域に開いていくことこそが求められる。

　たしかに、子育ての第一義的責任は家庭にある。しかしながら、子どもは、家庭以外の友人関係、地域社会からも影響を受け、成長している。ま

た、子育てに対して悩みや不安を抱かない家庭は少ない。親（大人）が家庭以外における子どもの育ちの場をゆるやかに捉えるとともに、悩みや不安を共有し助け合うことのできる、子育て家庭同士や母親同士のネットワーク構築を地域が支援することが、孤立状況に置かれている母親にとって急がれる支援である。ここに、母親による虐待といった痛ましい、最悪の事態を回避する一つの方法がある。

　虐待をしてしまった母親に対する支援は、容易ではない。「援助を必要としているからといって、その人が必ずしも素直に援助を求めているとはかぎらない。いやむしろ、最も強く援助を必要とする人が、最も強く援助を拒絶するということも決して珍しいことではない」（川崎 2006、p.90）と言われる。さらには、「児童虐待防止法見直しに関する私たちの見解」(2003) によれば、「（子どもが）保護されたからといって虐待関係が終わるわけではなく、むしろ保護されていること自体が未だに虐待関係の中に置かれていることの証」と述べられている（同上、p.136）。児童虐待の解決は、あくまでも保護者が児童虐待をやめ、良好な親子関係を修復することができて初めて達成したといえる（同上）。

　児童虐待については、行為の悲惨さに目が向けられがちである。しかし、今日求められているのは、悲惨な行為の背後にある、現在の親子関係や社会構造のあり方を、しっかり問い直していくことである。

【文献一覧】
　石川結貴 (2011)『誰か助けて：止まらない児童虐待』リーダーズノート
　小山隆編 (1973)『現代家族の親子関係：しつけの社会学的分析』培風館
　川崎二三彦 (2006)『児童虐待：現場からの提言』岩波書店
　汐見稔幸 (2000)『親子ストレス：少子社会の「育ちと育て」を考える』平凡社

汐見稔幸編（2008）『子育て支援の潮流と課題』（子育て支援シリーズ）ぎょうせい

西澤哲（2010）『子ども虐待』講談社

ペスタロッチー, J. H「立法と嬰児殺し」（1962）（長田新訳）『ペスタロッチー全集』第5巻、平凡社

日暮トモ子ほか（2012、2013）「都市と農村の保育・子育て支援システムの比較（1）（2）」『有明教育芸術短期大学紀要』pp.41-54（第3号）、pp.3-18（第4号）

平田厚（2010）『親権と子どもの福祉：児童虐待時代に親の権利はどうあるべきか』明石書店

広井多鶴子・小玉亮子（2010）『現代の親子問題：なぜ親と子が「問題」なのか』日本図書センター

広田照幸（1999）『日本人のしつけは衰退したか：「教育する家族」のゆくえ』講談社

厚生労働省「子ども虐待対応の手引き」（平成25年改正）
　　　http://www.mhlw.go.jp/seisakunitsuite/bunya/kodomo/kodomo_kosodate/dv/130823-01.html　（2014年11月28日確認）

裁判所判決文データベース
　　　http://www.courts.go.jp/search/jhsp0010.action　（2014年11月28日確認）

第9章

児童虐待は家庭の問題なのか
～社会の責任を問う

田中理絵
（山口大学）

> **<概要>**
>
> 　田中は、児童虐待が「子どもの受難」のなかで最も重大な「社会問題」であると指摘しています。児童虐待は、こんにち、どの家庭でも起こりうる問題となっており、早期発見・早期対応が必要とされています。第三者による介入を可能とする体制も、調いつつあります。しかし田中は、児童虐待が家族の病理として捉えがちであることに、まだ課題が残されているとして、社会学的な視点からの解明の必要性を、論じていきます。高度成長期以降、人びとのライフスタイルが大きく変化し、子育てにみんなで関わり合うマルチプル・ペアレンティングの仕組みが失われ、親は自分の子どもと、一対一で向き合わなければならなくなりました。そうした「個人化」が、育児不安・児童虐待の背後にある、と田中は分析しています。

事例

　小さいときは、母親は時々いたのかな……。記憶にない。父親は、夜中に酔っぱらって帰ってきて、暴れてた。僕は弟と隣の部屋で布団にくるまって眠ったふりをしてました。でも時々からんできて、寝た振りして無視してたら、殴られたり蹴られたり。もう、むちゃくちゃなわけ。ある晩、包丁もってきたからね。(頭部の傷跡を見せて) これ、そのときの傷。あのときはさすがに「これはやばい。殺される」と思って、弟を引っ張って、アパートから逃げて。何時間か公園かなんかで過ごして家に戻ったら、父親がいびきかいて寝てた (笑)。昼は昼で、洗濯も自分たちでできなかったから、服がくさいでしょう。いじめられるから (学校に) 行きたくなかったけど、お腹がすくから給食の時間だけ行くの。ひそひそ周りが言ってる声が聞こえるんですけど聞こえないふりして、誰ともしゃべらず、ひたすら給食を食べる。給食が終わったら給食室に行って、余ったパンを持って帰っていた。弟のためにね。小学校3年生のときの女の先生だけかな、家まで来てくれて、部屋の片付けや夕飯を作ってくれて。話を黙って聞いてくれて、弟にも。あの先生がいなかったら、どうなってたかな。

■

　これは身体的虐待と、ネグレクト (育児の怠慢・無視) と心理的虐待とが重なった児童虐待の事例である。現在、日本では、児童虐待は身体的虐待・性的虐待・ネグレクト・心理的虐待の4つに分類されるが、この事例のように複数の虐待が重なるケースも少なくない。この話し手は男性で、成人後、虐待を受けていた子ども時代について話してくれたのだが、この

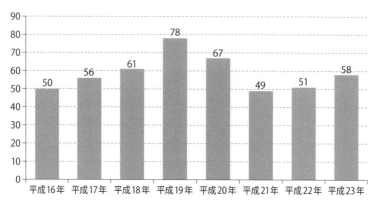

図1 児童虐待死亡件数推移

出典:「子どもの虐待による死亡事例等の検証結果等について」
(第9次報告) より筆者作成
※平成16-18年は1月1日〜12月31日。平成19年は平成19年1月31日。
平成21年度以降は4月1日〜3月31日

家には、母親の存在はない。父親も子育てをしない。だから子どもは学校に行く支度ができずに、仕方なく不登校を選ぶ。その結果、基礎的学力を習得すべき時期に学ぶ機会を逃すことになり、学業成績は低いままであった。この後、児童相談所を経由して児童養護施設に入所することになり、高校卒業後就職するのだが、現在、弟とは連絡を取るものの、親とは縁を切ったきりである。また、何年たとうが、自分が悲惨な目に遭った頃の記憶は昨日のことのように思い出せるものである。

　1990（平成2）年に統計を取り始めて以降、日本では児童相談所に寄せられる児童虐待の相談対応件数はこれまで一度も減少したことがなく、毎年「統計を取り始めた1990年に比べて、60倍の件数になっています」とか「児童虐待は深刻さを増しており、一刻の猶予もありません」といったニュースを耳にする[1]。虐待による子どもの死亡件数は、報告されているだけでも毎年50件を超え（**図1**）、虐待は子どもの生命に関わり、場合によっては一刻の猶予もない点で「子どもの受難」に関する最も重大な社会

問題であるといってよいだろう。

　ところが、児童虐待がどういったものなのかについては、実は、一般にはあまり知られていない。上記の事例は決して特殊なものではなく、家族の理不尽さを前に、子どもはまさに子どもであるが故になすすべもなく、ほとんどの場合、耐えるしかないのである。「生まれた場所が悪かっただけ」「わたしの中身はみんなと何も変わりないのに」といった言葉は虐待を受けたことのある人からよく聞かれるものであるが、しかし同時に「普通の家から見たら、変わっていると思うけど」と、自分の境遇を例外なものとして認識もしている。こうした自己規定を人格形成期に行う結果、虐待を受けている子ども期だけでなく、成人後も自己の境遇にとらわれることも少なくない（田中 2004）。

　そのため、「児童虐待は病んだ家族の問題であって、そうした親は許すことはできない」と考えられると同時に「児童虐待を子ども時代に受けた人は、自分が親になったときには、今度は子どもを虐待する」といった世代間再生産論も広く流通しており、その連鎖を断ち切るためには、虐待を受けた傷（特に、心の問題）を解消することが解決策であると捉えられる傾向がある。児童虐待を起こした／起こしそうな親に対して心理カウンセリングを施すといった試みは、2000年ごろから児童相談所などで見られはじめ、現在、有効な対処法の一つとして厚生労働省の『子ども虐待対応の手引き』にも掲げられている。しかし果たして児童虐待は、本当に個別の家族病理（そして心の問題）の結果なのだろうか。本章では、社会学の視点から、児童虐待の問題の根について掘り下げてみることとしよう。

1　家族の変容と自由の増大

■　児童虐待家族の特徴 ― 事例

　児童虐待が生じる家族の社会学的な共通点として、①孤立した家族環境のなかで、②育児の負担感が親の養育能力を超えたとき、③支援の手を差しのべられても（たとえそれが公的専門機関による匿名性を確保するものであっても）応じることができない状況下で生じやすいことがあげられる。

　次の事例[2]は、実母が新生児の養育行動をとらなかったために、その夫が、実子ではない子どもの養育を主に担おうとして、結果的に児童虐待を起こしてしまったケースである。

■

　出産しても、母親は自分の子どもを抱いたり、授乳行動を取ろうとしない。しかし、夫婦が子どもを育てていく意思を表明したため、病院としては、子どもを帰宅させるしかない。保健師が定期的に電話を入れ、数日おきに家庭訪問をして継続的に観察する。育児が難しくなった場合は即座に相談して欲しいため、「困ったことはありませんか？　あればいつでも言ってください」と笑顔で声をかけ、信頼関係づくりを行う。あまり頻繁に訪問すると疎まれるため、訪問期間には配慮を要する。夫は「大丈夫。虐待していないよ」と冗談を言うこともあったが、子どもを福祉施設に預けることについて尋ねるなど、次第に養育が負担になってきている様子がうかがえた。夫婦が市の窓口で「保健師に虐待を疑われている」と不満を漏らしたことがあり、その頃から、保健師の訪問・電話に対しても怒声を浴びせる場面がみられ始める。しかし、保健師は、家庭と行政とをつなぐ

窓口であり、子どもの安全確認の最前線にいるため訪問しないわけにはいかない。ところが、望まれない訪問によって信頼関係を崩すことも得策ではないため、保健師は次第に身動きが取りにくくなっていった。

■

　この夫は、フルタイムの仕事と育児を両立できずに生後2カ月で子どもを虐待死させてしまう。それならば、保健師に子どもを預かる福祉施設[3]について質問したときに、なぜ子どもを社会的養護機関に預けなかったのかと思われるだろう。ところが、家族というものは閉じた空間であり、非常に個人的な領域であって、他人の介入を嫌う傾向がある。特に、家族がうまく機能していないときに、それが一層強く表れてしまうというアイロニーがみられる。実際、この夫婦は、第三者（市）に「虐待を疑われているのではないか」と、「虐待をする親」とレッテルを貼られていることへの強い不満を見せており、そうではない証として、子どもを自分たちのもとから離すことができなくなった。

　このような「家族の問題は、家族のなかで解決すべき」という心性は、日本社会においては以前から見られるのだが、ところが、家族を取り巻く社会構造が大きく変化していることは見落とされがちである。

■ 家族の変容と個人の自由の増大

　日本では1960年代の高度経済成長期を経て、1970年代前半に第2次ベビーブームが生じたが、しかしその後、一世代たっても第3次ベビーブームは起きなかった。これは、人々の生き方が多様になったことを端的に意味する。伝統的社会では、若者組や姫組といった年齢階梯（かいてい）集団が強い影響力をもち、密接な近隣地域との付き合いは人々の生き方の自由を制限する方向に働いていた。学歴や仕事、結婚、子ども数、近隣地域・親族・親とのつきあい方など、人々の生き方は比較的単純であり、年齢に応じてライ

フステージの進み方も類似していたので、人々の生き方は「ライフサイクル」という言葉で大雑把に捉えることができたのである。

しかし、高度経済成長期以降、産業化・都市化によって、若者は地縁・血縁の網の目から解放され、都市で新しい生き方を選択することが可能となる。どういった仕事に就いて、誰と結婚し、どのような生活をするかという生き方の決定も、個々人が選択できるようになった。さらに現在、その子ども世代は、グローバル化・情報化のなかでますます生き方の選択肢が広がり、職業・住居・婚姻といったライフスタイルの選択の自由も拡大した。

例えば、結婚に関する意識・行動の変化についてみてみると、いまでも独身者の約9割がいずれ結婚したいと考えているものの、結婚までの交際期間は長くなり（1987年は平均2.54年、2010年では平均4.26年）、結婚行動は先延ばしにされている（国立社会保障・人口問題研究所、2012）。また、「人は結婚するのが当たり前だ」と考える人は、1984年で61.9%だったのが、2008年には35.0%まで減少する一方で、「必ずしも結婚する必要はない」と考える人の割合は34.4%から59.6%まで上昇している（厚生労働省、2013）。実際、国勢調査によると、25〜39歳の未婚率は男女ともに上昇しており、男性では25〜29歳で71.8%、30〜34歳で47.3%、35〜39歳で35.6%、女性では25〜29歳で60.3%、30〜34歳で34.5%、35〜39歳で23.1%となっている。同様に、1980年から2010年の30年間の生涯未婚率の変化をみると、男性は2.6%から20.1%、女性では4.5%から10.6%へと上昇している。日本の場合、98%が婚姻関係にある親からの出産によって子どもが誕生するので、未婚化・晩婚化は、それだけ子ども数の減少（少子化）にも影響を及ぼすことになる。

結婚と同じように離婚に対しても人々の意識は変化しており、「子は鎹（かすがい）」とは必ずしもならず、子どものいる夫婦の離婚数は全体の約6割を占めている。その際に妻が子どもの親権を持つケースは8割に達しており、こう

したことが母子世帯の増加につながっている。現代人にとって、結婚は必ずしもすべきライフ・イベントではなくなり、離婚に対する敷居も低くなってきたといえるだろう。恋愛結婚が9割を超えるなかでは、「好きで結婚したのであれば、好きでなくなれば離婚すればよい」という論理は、いっけん妥当にも見える（山田 1999）。

2　育児不安と児童虐待の社会問題化

■　家族規模の縮小と近隣地域の弱体化

　都市化・産業化によって、自己選択によって生き方を決める自由が増大したと同時に、家族環境は二つの方向で大きな変化を見せた。一つは家族の小規模化であり、もう一つは家族を取り巻く近隣地域の脆弱化である。戦後日本の1世帯あたり平均人員数は5人であったが、2011年では2.58人へと漸次的に減少してきた（図2）。特に、子どものいる世帯が減少し（1986年46.3％→2010年25.3％）、なかでも祖父母を含む三世代世帯が縮小する（1986年12.5％→2010年4.8％）[4]。また、近隣地域に親しく付き合っている人がいる人の割合も減少し（1975年52.8％→2007年10.7％）、現在、近所に生活面で協力し合う人の人数は「いない」が65.7％、「1～4人」が28.0％であり、近所づきあいは非常に希薄となっている[5]。

　かつては多くの世帯が第一次産業に従事しており、農具や仕事道具が置いてあるため家屋は子どもにとって危険であったし、子どもを預かる保育所が十分でなかったために、幼い子どもは母親や年長のきょうだい、祖父母の背中に負ぶさって成長してきた。また、近隣地域でも子どもの成長を見守る仕組みや儀式が多く存在していた。波平（2005）によると、自宅分娩が一般的であった1960年代までは、出産には危険が伴うので、産婆だけ

図2　世帯数および平均世帯人員の推移

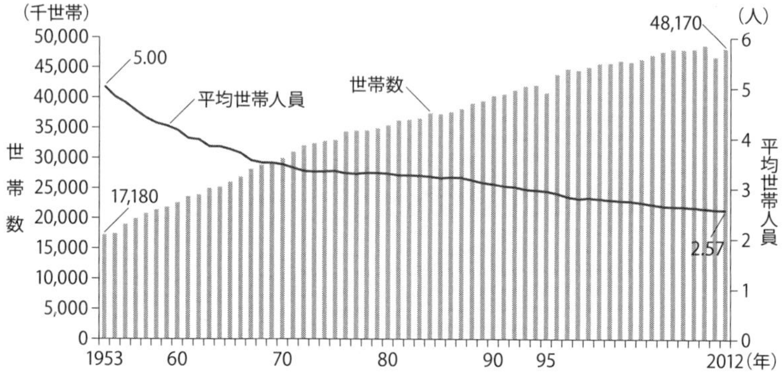

出典：「厚生白書」平成25年度版
※平成7年の数値は兵庫県、平成23年の数値は岩手県・宮城県・福島県、平成24年は福島県を除いたもの。

でなく、近所の女性がヒキアゲバアサンやトリアゲバアサンとなって臍の緒を切るなどの役割を担い、赤子がこの世に生まれた立ち会い人を引き受けた地域も多く、百日の祝いや七五三といった子どもの成長を祝う行事には、左右前後の家の家長（もしくは家長夫婦）が祝宴に招かれ、子どもの成長は近隣地域のなかで見守られていた。出産や子どもの成長儀礼は近隣地域に根を張り、子どもと親とをしっかりと組み込んで、地域社会のなかで人間関係を築いていく素地となったわけである。しかし、こうした儀礼も両親とその親たちといった小さな家族単位でのみ行われるとき、その役割や意味は変わる。

■　育児不安・児童虐待の背景

このような孤立した小さな家族では、子どもがいろいろな大人と関わりながら育てられるというマルチプル・ペアレンティングの機会は失われ、祖父母世代から親世代へと自然に伝達されていた育児文化は寸断・刷新されることとなった。特に、「父親は仕事、母親は家事育児の責任者」と

いった性別役割分業型の家族では、母親が子育て・教育の責任を一身に担うことになる。いつの時代であっても子育てには他人の手を必要とするのだが、しかし地域の衰退とともに子育ては各家族の出来事となっているから、母親の育児負担感は大きくなる。また、個人の生き方の自由が増大したなかにあっては、同世代の女性が社会で活躍する姿を見ることは、母親に社会から取り残されていく不安感をもたらすことにもなる。あるいは、近隣地域に子どもがたくさんいれば自分の子どもの成長を比較して確認することも可能であるし、子育てに関する情報も周囲の母親から容易に得られたであろうが、少子化社会ではそれも難しくなる。このような中、1970年代には母親が赤ん坊をコインロッカーに閉じ込めて殺してしまうといった悲惨な事件が生じるなど、「育児不安」や「児童虐待」が社会問題として注目されるようになったのである。

　ところで、児童虐待の最も悲惨な結末は、子どもの死である。先に、日本では年間50件を超える児童虐待による死亡事件が見られると述べたが[6]、実はその半数近くが0歳児であり、親としてのスキルや心構えが未熟である時期が最もリスクが高いことが分かる。先にあげた生後2カ月の子どもの死亡事件が、①孤立した家族環境のなかで、②育児の負担感が親の養育能力を超えたときに生じたというのは、日本社会全体の家族を取り巻く環境の変化のなかで起きた事件であったことが分かる。

3　個人化と社会的対応の課題

　ところで、「社会問題」の特徴として、①被害の甚大さが広く人々に認められやすく、②自分の周囲でも起きうる問題であって、しかも、③問題の解決可能性が見いだされることが指摘できる。その意味で、児童虐待は

社会問題であるといえるだろう。

　2000（平成12）年に児童虐待防止法が成立して以降、より多くの子どもを救うためにいくつかの改正がなされてきた。例えば2004年には、母子家庭などで母親の恋人が子どもに暴力をふるう事例にも対応するために、虐待加害者を保護者に限らず同居人まで拡大したり、「虐待をした」から「虐待をしたと思われる」と文言を変更して、虐待事実の認定作業が困難なケースであっても、その子どもを救済の対象とできるようになった。また、法ではないが、2007年には厚生労働省が「子ども側にとって有害な行為であれば虐待である」と『子ども虐待対応の手引き』に記載するなど、その適用範囲はさらに拡大している。実際、加害者の大人だけでなく、被害者であるはずの子どもが虐待を認めないケースもあることから、こうした柔軟な運用が必要な場面も少なくない。

　児童虐待の問題が子どもの心身に対する甚大な人権侵害である以上、未然に防止することが重要である。しかし、不幸にして起きてしまった場合には、早期発見・早期対応で深刻化を食い止め、家族内のシステムエラーを第三者の介入によって回復させることが必要であり、もしも家族内での回復可能性が乏しい場合には、社会的養護によって子どもを救済する対策が求められる。そのため、虐待を発見するためのリスクアセスメントを利用することが推奨されるのだが[7]、この項目を見ると、児童虐待が発生する原因は、保護者や子ども等における身体的側面、精神的側面、社会的側面、経済的側面等の要因が複雑に絡みあって起こると考えられる。つまり、同じような状況にあっても虐待に至る親とそうではない親が存在するのであり、結局ケースバイケースであって、いつ誰がどういうきっかけで虐待の加害者になるとも限らないというわけである。

　それを受けて、2009（平成21）年の児童福祉法の改正以降、乳児家庭全戸訪問事業が実施されるようになった。虐待はどこで起きても不思議ではないのだから、すべての乳幼児を対象としてそのリスク管理を行政が行う

こととなったのである。1カ月検診や3カ月児検診などの検診未受診家族も統計的に見てリスクが高いので、家庭訪問等によって、親が育児をきちんと行っているか、子どもの成長が正常範囲にあるかなどを保健師が中心となって確認するなどのフォローアップが求められるようになってきた。この安全確認も保護者の関係者等による情報に基づくのではなく、「市区町村職員や児童相談所職員又は市区町村や児童相談所が依頼した者により、子どもを直接目視することにより行うことを基本とする」(厚生労働省 2013、p.54) というように、保護者の情報をうのみにせず、保護者を疑うことも必要であるというスタンスを取る。特に、リスクアセスメント項目に当てはまる度合いの高い家庭は「ハイリスク家庭」と呼ばれ、継続的な監視の下で、虐待を未然に防ごうとする動きが強まっている。児童虐待は「どの家族に起きても不思議ではない問題」という前提に立てば、全ての家庭をチェックし、そのなかからリスクの高い家族を発見することで児童虐待を未然に防ぐという対策は必然性が高いように見える。

しかし問題なのは、それが個々の家族の問題であるという視点で設計されている点である。「どの家族においても生じる可能性がある問題」とすることは、育児文化が寸断されている現代社会にあっては「育児がつらい」「子どもに手を挙げそうになる」「イライラしてどうしようもない」といった感情は誰にでも起きうることであり、それゆえ心情を吐露したり、援助を求めたりするのは恥ずかしくないことだとして他者介入の敷居を低くしたり、偏見やちゅうちょをとり除く働きを持つ。

ベック (1997) は、社会の変化によって、今や人々は、家族や親族地域、階級など、社会と個人を結ぶ中間的集団によって自己を規定したり行動を決定したりするのではなく、そうした集団から解放された結果、自己選択によって、自己規定・意志決定を行っていかなければならない、個人化した社会を生きるようになっていると考えた。自分の生き方や生活が自己選択の結果であるならば、個人化した社会では、個々の身に起きたリスクや

トラブルもまた個人の責任が重視される。

　児童虐待の問題について言えば、それが経済的困窮世帯や子どもを迎える環境の整っていない家族（望まない妊娠、やむをえずに未婚にある女性の妊娠、10代の妊娠など）で生じやすいことは各種統計資料からも明らかであるものの、それらが個人の選択の結果とされるとき、公共的・社会的な取り組みによって改善するよりは、心理カウンセリングなど個別的な問題として対応する方向に向かう。ところが、そもそも児童虐待がどこで起きても不思議でないのであれば、それは個別の家族の問題だけでなく、社会的なシステムエラーであるとも考えられるのである。そうであるならば、例外的な個別の家族問題として問題対応に当たるだけでなく、そもそも児童虐待や育児不安が起きなくて済むような社会の仕組みをつくる必要が、今後ますます求められるといえるだろう。

子ども虐待評価チェックリスト（確認できる事実及び疑われる事項）

子どもの様子（安全の確認）	評価
不自然に子供が保護者に密着している	
子どもが保護者を怖がっている	
子どもの緊張が高い	
体重・伸長が著しく年齢相応でない	
年齢不相応な性的な興味関心・言動がある	
年齢不相応な行儀のよさなど過度のしつけの影響がみられる	
子どもに無表情・凍りついた凝視が見られる	
子どもと保護者の視線がほとんど合わない	
子どもの言動が乱暴	
総合的な医学的診断による所見	
保護者の様子	**評価**
子どもが受けた外傷や状況と保護者の説明につじつまが合わない	
調査に対して著しく拒否的である	
保護者が「死にたい」「殺したい」「心中したい」などと言う	
保護者が子どもの養育に関して拒否的	
保護者が子どもの養育に関して無関心	
泣いてもあやさない	
絶え間なく子どもを叱る・罵る	
保護者が虐待を認めない	
保護者が環境を改善するつもりがない	
保護者がアルコール・薬物依存症である	
保護者が精神的な問題で診断・治療を受けている	
保護者が医療的な援助に拒否的	
保護者が医療的な援助に無関心	
保護者に働く意思がない	
生活環境	**評価**
家庭内が著しく乱れている	
家庭内が著しく不衛生である	
不自然な転居歴がある	
家族・子どもの所在が分からなくなる	
過去に虐待歴がある	
家庭内の著しい不和・対立がある	
経済状態が著しく不安定	
子どもの状況をモニタリングする社会資源の可能性	

評価　3：強くあてはまる　2：あてはまる　1：ややあてはまる　0：あてはまらない
出典：『子ども虐待対応の手引き』（厚生労働省2009）

〔注〕

(1) 児童虐待の児童相談所における相談対応件数は、1990（平成2）年は1,101件だったが、一貫して上昇し続け、2013（平成25）年は73,765件。児童虐待件数が急増しているというよりは、児童虐待に関する社会的関心が高まった結果、人々の通報・相談件数が増加したことが大きな要因であると考えられる。

(2) 2007（平成19）年の児童虐待防止法改正によって、2008（平成20）年より、重大な子ども虐待事件については調査および検証を行うことが国および地方公共団体の責務となった。これに応じて、各地方公共団体では検証組織が設置された。本事例も児童虐待死亡事件検証報告書から抜粋した。

(3) 日本では、満2歳までの乳幼児は乳児院に、それ以後、18歳までは児童養護施設にて社会的養護が行われる。この他に里親制度がある。

(4) 「児童の有無別にみた世帯構造別世帯数の構成割合」『国民生活基礎調査』2010（平成22）年より。

(5) ただし質問紙の選択項目の文言は異なり、1975（昭和50）年は「親しく付き合っている」（内閣府「社会意識に関する世論調査」）、2007（平成19）年は「よく行き来している」（内閣府「国民生活選好度調査」）である。なお、「協力し合う近所の人数」は2007（平成19）年内閣府「国民生活選好度調査」の数値。

(6) 児童虐待死亡件数は、厚生労働省が把握している事件についてのみではあるが、「社会保障審議会児童部会児童虐待等要保護事例の検証に関する専門委員会」が「子ども虐待による死亡事例等の検証結果等について」報告書を毎年（度）作成している。2004～2012（平成16～24）年度までの報告で、被害者が0歳児であった割合は32.8%～58.2%。

(7) リスクアセスメントシートの利用が、虐待の問題・解決・治療の責任を個人・家族の側に求めるようになる危険性については、上野・野村（2003）に詳しい。

【文献一覧】

上野加代子・野村知二（2003）『〈児童虐待〉の構築：捕獲される家族』世界思想社

田中理絵（2004）『家族崩壊と子どものスティグマ：家族崩壊後の子どもの社会化研究』九州大学出版会

波平恵美子（2005）『からだの文化人類学：変貌する日本人の身体観』大修館書店

山田昌弘（1999）『家族のリストラクチュアリング：21世紀の夫婦・親子はどう生き残るか』新曜社

ファーロング,A.・カートメル,F.（2009）（乾彰夫・西村貴之・平塚眞樹・丸井妙子訳）『若者と社会変容：リスク社会を生きる』大月書店

ベック,U.・ラッシュ,S.・ギデンズ,A.（1997）（松尾精文・叶堂隆三・小幡正敏訳）『再帰的近代化：近現代の社会秩序における政治、伝統、美的原理』而立書房

ベック,U.・鈴木宗徳・伊藤美登里編（2011）『リスク化する日本社会：ウルリッヒ・ベックとの対話』岩波書店

厚生労働省（2007,2009,2013）『子ども虐待対応の手引き』

厚生労働省（2013）『平成25年版厚生労働白書－若者の意識を探る－』

国立社会保障・人口問題研究所（2012）『第14回出生動向基本調査：結婚と出産に関する全国調査』

第 4 部

子どもの逸脱と排除

第10章
女子中学生の逸脱行動
～何が彼女たちを＜援交＞に誘ったのか

仲野由佳理
（日本大学）

＜概要＞

　仲野は、援助交際の体験のある女子中学生にインタビュー調査をして、＜援交＞が、単なる道徳意識の欠如によるものではないことを明らかにしています。それは、まだ労働可能な年齢に達していない少女たちが、仲間関係を維持したり、親に経済的な負担をかけるのを避けたりするために、自発的になされる行為です。高校進学のための塾代を、＜援交＞でまかなっているという事例もあります。＜援交＞を継続するかどうかをめぐって、少女たちは、メリットとデメリットを対比し、それなりに合理的な選択をしています。ただ、その「合理性」を広く見通すだけの経験が乏しかったことに問題があります。それを広げてやる責任が、わたしたち大人世代にあるのではないか、と仲野は論じていきます。

事例

　A子は都内に住む中学2年生。会社員の父親、パート従業員の母、そして2歳下の妹と暮らしている。明るく話し上手なA子は友達が多く、休日は友達を誘って出かけることも多い。A子は最近、おしゃれに関心を持ち、ティーン向け雑誌を参考に少しずつメイクをするようになった。かわいい服やバック、メイク道具。欲しいものはたくさんあるが、中学2年生のA子のお小遣いで買えるものは限られる。しかし、友達と出かけると、食事・カラオケ・ショッピングなど、何かとお金を使う。外出の際にはクーポンを使うなど工夫はしているが、それでも「お金が足りない」と思うことが増えてきた。だからといって、遊びに行かないのは「付き合いが悪い」と思われそうで躊躇していた。親にお小遣いを増やしてほしいと頼もうとしたが、普段から「節約しなきゃ」「不景気だ」「お金がない」と漏らす親にはなかなか言い出せずにいる。何より「これがないと友達から仲間はずれにされてしまうから」と、誕生日にスマートフォンを買ってもらったばかりだった。A子は「自分でアルバイトができたらいいのに」と考えるようになった。

　そんなときに思いついたのが「援助交際」だった。テレビでスマホのアプリを使用した「援助交際」のニュースを見たことがあったし、ドラマや漫画で扱われることもあったから知っていた。ネットを検索して掲示板を見てみると女の子の書き込みも多く、書き込み内容も「デートのみ」「お食事しましょう」など気軽な感じがした。少し迷ったが試しに書き込んでみると、数人の男性からメッセージが送られてきた。何度かやりとりをしていると、そんなに悪い人ではないように感じた。そこで、「食事かカラオケ

だけ」という約束で、そのうちの一人の男性に会ってみることにした。

　待ち合わせ場所に現れた男性は、30代後半から40代前半くらいの会社員だった。とてもにこやかにＡ子に接し、会話も上手で思いのほか楽しい時間を過ごした。帰り際、男性は1万円をＡ子に渡し「また遊びに行こう」と誘った。この男性とは数回会ったが、しばらくすると「5万円でどうだろう」とＡ子をホテルに誘った。Ａ子はちょっと迷ったが、相手の男性に対して特に嫌な感情を持っていたわけではないし、同級生の男の子とは違い、Ａ子を女性として扱ってくれることにも悪い気はしなかった。何より、わずかな時間で5万円という金額は魅力的だった。結局、男性とホテルにいくことにした。男性から5万円を受け取ったとき、「身体を売ってしまった」という罪悪感を持ったが、「親に頼らず自分で稼いだ」と少しだけ誇らしい気持ちもした。

　「援助交際」で得たお金は、引き出しの奥に隠してある。急にあれこれ買ってしまうと親や友達に怪しまれるので、相変わらず「節約」はしているが、お小遣いが足りなくなったとき、少しずつ取り出しては使っている。お金が足りないとき、「親を頼りにしないで済む」と思うと多少は気が楽だ。でも、引き出しの中の「貯金」が底を突きそうになると、とたんに不安な気持ちになって、また「援助交際」をしてしまう。今は、「自分でアルバイトができる歳になるまでは続けてしまうかも」と思っている。

1　「援助交際」に至る動機

■「援助交際」現象の問題化

　「援助交際」は、広辞苑には「金銭的援助をする代償としての交際の意」「特に未成年女子が金を目当てに行う売春を偽装していう語」（広辞苑第6

版)とある。意味的には「援助交際＝売春」のように記述されているが、当事者は、ペッティングなどの性行為に類似する行為、デート、下着などの売買を含むものとして広義に使用する。簡単にいえば、金銭と何らかの性的サービス(性行為及び類似の行為を行う、デートをする、下着などを売買する)を交換する行為、といってよいだろう。

　そもそも女子の非行において、「売春」は伝統的な形態の一つであるが、「援助交際」はいくつかの理由で社会的注目を集めた。1つ目は、犯罪化されたカテゴリである「売春」ではなく、「援助交際」という語句の使用によって(本質的には売春に類似する行為であるにもかかわらず)行為にともなう罪悪感が薄められたことだ。2つ目は、若年層へのポケベルや携帯電話の普及にともない、それまで非行に関与した経験のない/他の逸脱経験のない、いわゆる「ふつうの女の子」の間にも広く浸透したことである。逸脱の原因が家族や対人関係の問題に収斂されるなかで、「援助交際」は、必ずしもそうした背景を持たないばかりか、経験者同士で集団化することもほとんどない。そのため、少女たちが「援助交際」を選択する"動機"は、それほどクリアに見えてこなかった。

　また、少女たちは「加害者」なのか、「被害者」なのかをめぐる、さまざまな議論もある。1997年に大阪府警は、「援助交際は売春です」というキャッチコピーの印刷されたポスターを作成し、「援助交際＝売春＝犯罪」という図式を明確に打ち出した。「援助交際」に関与する少女たち(以下、"「援助交際」体験者")を「性の逸脱行為で補導・保護された女子少年」あるいは「福祉犯被害少年」という被害者として語るか、大阪府警のキャッチコピーが示すように、行為を犯罪化したうえで加害者として語るか、その「語り方」についても議論を巻き起こしたのである(山本2014)。

■「援助交際」体験者の語る「動機」への着目

　少女たちは、なぜ「援助交際」へと駆り立てられるのか。「被害者」な

のか「加害者」なのか。少女たちと「援助交際」をめぐる問題は、学問的見地からのアプローチだけではなく、具体的に加入方法を模索するような実践的アプローチを含め、広く議論された。

　こうした議論において特に大きな注目を集めたのは、「援助交際」体験者が語る「動機」についての検討である。宮台（2000）や圓田（2001）によって行われた動機の類型化作業は、なぜ「援助交際」を行うのか、という社会的関心に応える成果であったといえよう。この作業によって、宮台は純粋物欲型・変身願望型・心理的反抗型・気晴らし代型・居場所代型・コミュニケーション願望型の6類型を、圓田は効率追求型・欲望肯定型・内面希求型の3類型を抽出した。

　とりわけ、圓田の行った類型化作業は、その規模と調査のプロセスで直面した「困難」を明らかにしたという点で注目に値する。この調査は、「援助交際」体験者71名を対象に、首都圏および関西圏を中心として広範囲に実施されたが、これだけの規模で実施されたインタビュー調査は他に例がない。この調査で指摘された「困難」は、各カテゴリへの類別作業において、動機が複数の類型に当てはまる可能性が示唆されたことである。ここから、唯一無二の「固定的な動機を問う」ことの難しさが明らかになった。

■　変化する「動機」

　確かに、「援助交際」という行為を選択する動機は、常に唯一無二の固定的なものではない。行為に先立って明確な動機が存在する場合ばかりとはいえないだろうし、行為継続のプロセスで動機自体が変化することもあるだろう。あるいは、誰かに問われることによって、意図せざる動機に後から気づくこともあるだろう。「内在的な動機」を掘り下げていくという作業は、「援助交際」に向かう心理的要因の一部を明らかにするが、それによって動機の全体像が明らかになるわけではないし、"「援助交際」をや

めていくメカニズム"が自動的に導き出されるわけでもない。例えば、圓田（2001）が示した「内面希求型」は、生育歴やパーソナリティに関する心理的問題から「援助交際」を行う類型であるが、「自分は内面希求型だ」と「援助交際」体験者自身が認識し、原因となるトラウマ的経験を特定することができても、そのトラウマ的経験自体を変更・削除することは難しい。つまり「原因の一部は特定できたが、"その原因は取り除けないものだ"ということが分かった」ということにもなりかねない。類型論は、あくまでも「援助交際」体験者の多様性を示したにすぎないのである。

　しかし類型論は、ある意味での「社会的関心」に十分応えるものだったといえる。それは（他の逸脱経験のほとんどない）ひとりの少女が、いかにして「援助交際」体験者へと変容し、いかなる経験を経て「援助交際」をやめていくのか、という一連のプロセスに対する関心である。そして、その一連のプロセスを明らかにするには、やはり「援助交際」体験者の語りから、その動機をひもとく作業が必要だ。では動機をどのように扱えば、「援助交際」からの離脱を視野にいれた議論につながるのだろうか。

　これに関連し、仲野（2010）は"「援助交際」を始めた動機"ではなく、"「援助交際」を継続していく動機"に着目することで、行為継続のメカニズムに迫ろうとした。仲野は、「援助交際」体験者への継続的なインタビュー調査から、初回の「援助交際」が「偶然／突発的」な出来事として受動的に経験されており、その経験に対する解釈が、二度目以降の「援助交際」への能動的な関与につながると指摘した。経験に対する解釈をもとにした行為継続をめぐる選択は、「援助交際」を継続するかぎり、常に行われていると考えられる。前掲の圓田（2001）が類型作業で指摘した「動機が複数の類型にまたがる」という問題は、この行為継続の過程で、「援助交際」に対する解釈や、選択の意味づけが変化したがゆえに生じたものだと考えることができる。

　このような行為継続の動機に着目したことで、「援助交際」体験者へと

変容していく過程における3つの学習(「援助交際」の技法の学習、学習と成果との関連づけ、個別的な楽しみの発見)と、それによって「援助交際」体験者としての振る舞いが学習され、動機をめぐる語りも変化していくことが明らかにされた。また、仲間同士で集団化しない「援助交際」においては、インターネットなど不特定多数にむけて発信される情報を行為の準拠枠としていることが指摘された(仲野 2010)。行為を継続するか否か、という選択への着目は、離脱へと動機づけられる経験の一部を間接的に明らかにし、「援助交際」をやめていくメカニズムに関する手がかりを提供したのである。

　さて、以上のように、行為継続の動機を「継続するか否か」において検討するならば、その決断を左右する"合理性"に着目する必要がある。つまり、なぜ少女たちは"「援助交際」を継続するという決断は合理的である"と考えたのか、に関する検討である。インタビュー調査で出会った少女たちは、一見すると、そのような逸脱行為に関与しているとは思えない。例えば、年齢相応に相手に対する気遣いができるし、気さくで友好的でもある。また、全てが親子関係に問題を抱えているわけではなく、十代の少女らしい距離感を保っているようだ。そんな「ふつうの女の子」である彼女たちが、なぜ「援助交際」を選択したのか。少女たちを「援助交際」へと駆り立てる合理性とは何なのか。以下では、この「合理性」をキーワードに、「何が少女たちを＜援交＞に誘ったのか」を考えてみよう。

2 「援助交際」という手段をとる合理性

■ 合理的な選択とは何か

「援助交際」という選択が合理的だといえるのは、少女たちが「援助交

際」を、自己効用を最大化できる手段であると認識している場合であると考えられる。この「選択」と「合理性」の関係を検討するにあたって、合理的選択理論のアイデアを援用していこう。合理的選択理論は、最小のコストで最大の利益を得ようとする合理的な人間像を前提とする。非行・犯罪の場合であれば、犯罪行為から予測される利益と犯罪行為が露呈したときに被る不利益（刑罰など）の関係を比較するわけだが、これを「援助交際」で考えた場合、次の2つの図式として提示できる。

A：「援助交際」への関与によって得られる利益 ＞「援助交際」への関与によって被る不利益
　＝「援助交際」の継続への動機づけ
B：「援助交際」への関与によって得られる利益 ＜「援助交際」への関与によって被る不利益
　＝「援助交際」からの離脱への動機づけ（そもそも「援助交際」を選択しない）

　Aは「援助交際」への関与から得られる利益が「援助交際」への関与によって被る不利益を上回る場合で、「援助交際」を継続する動機づけになると考えられる。一方、Bは「援助交際」への関与によって得られる利益が「援助交際」への関与によって被る不利益を下回る場合で、「援助交際」からの離脱への動機づけとして作用するか、あるいは、そもそも「援助交際」という手段を選択しないというケースである。この図式においては、それぞれ何を「利益」「不利益」とみなすのかが重要であるが、この「援助交際」をめぐる「利益」と「不利益」を考えてみよう。

■　行為にともなう「利益」と「不利益」

　「援助交際」という行為に関与することによる、最も分かりやすい「利

益」は、一度に高額の金銭を入手できるという点である。アルバイト不可能な年齢（例えば10代前半）でも行為へ関与できるし、低年齢ほど高収入が見込める。筆者は2006年から2010年にかけて「援助交際」体験者へのインタビュー調査を実施したが、（性行為まで及んだ場合）中学生の「援助交際」に対しては5万円程度、高校生の「援助交際」に対しては3万円程度が、男性からの提示額の相場として「援助交際」体験者に認識されていた。わずか数時間で数万円単位の金額を手にすることができるのは、大きな魅力なのだろう。

しかし、実際には、これはあくまで「見せかけの利益」である。「援助交際」の金額は、「行為」に対して提示されるため、相手の男性と時間を共有する以前のコスト、例えば、相手を選別するメールのやりとり、「援助交際」相手を探すための書き込みにともなう時間・文言作成の労力等は含まれない。書き込みをした当日に「援助交際」相手を決めることもあるが、慎重に相手を選んだ場合は、インターネット上でのやりとりに数日かかることもあるという。不要なトラブル（暴力的な被害を受ける、金銭の授受に失敗する、当日に約束をほごにされる等）を避けるためには、慎重に相手を選ぶ必要があるというが、そのためにかける時間や手間が提示額に反映されているとはいえない。

そのほかの「利益」として、仲野（2010）が指摘した「個別的な楽しみ」をあげることができる。これは、宮台（2000）の類型が示したコミュニケーション願望型や、圓田（2001）の類型が示した欲望肯定型など、「援助交際」という行為に楽しさを見いだしていくものである。筆者のインタビュー調査では、コミュニケーションの楽しさだけではなく、「お金を貯めていく」行為も楽しみの一つとして語られた。

一方、「不利益」としては、「援助交際」が発覚した場合にいくつかの法的問題に抵触する、あるいは「援助交際」の場でトラブルに巻き込まれて被害に遭うなどがある。例えば、「援助交際」に関する書き込みを行えば、

「出会い系サイト規制法」（インターネット異性紹介事業を利用して児童を誘引する行為の規制等に関する法律）の規制対象に、また「援助交際」の行為そのものは、「児童買春・ポルノ処罰法」（児童買春、児童ポルノに係る行為等の処罰及び児童の保護等に関する法律）あるいは「児童福祉法」や青少年保護育成条例に抵触する。多くは、買う側の男性に対する罰則規定であるが、出会い系サイト規制法のように児童が処罰対象となる場合もある。

　また、危険な目にあうリスクが常にあり、それを本人がコントロールすることは難しい。「援助交際」で使用されるツールが、1990年代の「声のコミュニケーション・ツール」（いわゆる「テレクラ」）から、2000年以降は「文字のコミュニケーション・ツール」（インターネット上の出会い系サイト）に移行し、双方の匿名性は以前より高くなったといえる。筆者の実施したインタビュー調査でも、文字情報を頼りに「援助交際」相手の男性を慎重に選んだが、現れた男性は「暴力団」という言葉を振りかざし、危害を加えられた・写真や映像を撮られたなど、予想外の出来事に遭遇したケースが複数あった。こうした経験は「トラウマ」となる場合もあり、そうなれば、心身ともに大きな傷を負うことになる。

　このように、「利益」と「不利益」を見積もれば、行為が発覚した際の不利益のみならず、行為に関与することで生じる不利益は甚大で、「B」という図式に基づく選択が妥当に思える。しかし、インタビューを実施するなかで、少女たちの「声」に丁寧に耳を傾けていくと、少女たちが「A」を妥当と考える「根拠」が見えてくる。それは、少女たちをとりまく仲間関係や親子関係に対する認識である。少女たちが持つそれぞれの関係に対する認識は、「お金を得る」ことで得られる「利益」の意味を変えるだけではなく、相対的に「不利益」を低く見積もらせてしまう。では、それぞれをどのように認識しているというのだろうか。

■ 少女たちをとりまく「仲間関係」

　少女たちは「仲間関係の維持」を、学校生活を豊かにするためにきわめて重要なものだと認識しており、その維持に多くのエネルギーを費やす。学校で過ごす時間はもちろん、余暇時間さえも友人たちと過ごし、同じ時間・同じものを消費する。宮台（2000）は、「居場所型」の説明のなかで、居場所を維持するために必要な支出として「町を居場所にするのに必要なクラブ代・カラオケボックス代や、町の仲間に溶け込むためのコスチューム代」（宮台 2000, p.117）を挙げており、交友関係の維持（あるいは居場所作り）と金銭の関係を指摘する。同様に、インタビュー調査でも、友人と過ごすためのカラオケボックス代・食事代、同じ雑貨や洋服を購入するなどのショッピング代、携帯電話の通話代などに、一定の金額が使用されていることが分かった。

　こうした仲間関係は、冒頭の事例のように「仲間外れにされる不安」によって、その行動や思考を制限する。「同じ時間・同じものを消費する」ことは、集団からの排除と、排除による不利益を被るのを防止するという、リスクマネジメントでもある。それゆえ、リスクマネジメントに一定の金額を費やすという行為は、彼女たちにとって、「学校生活を豊かに過ごす」という目的の達成においては、「合理的なもの」として認識されると考えられる。「仲間関係の維持に必要な資源が得られる」を「援助交際」から導き出される「利益」に上乗せすれば、上記図式の解釈も異なってくるだろう。

■ 頼るべき存在ではない「親」

　さらに、インタビュー調査で特徴的だと感じたのは、本来、少女たちが頼るべき親の姿が、ひどく"頼りないもの"として語られることである。インタビューの質問項目には、「お金が必要になったとき、親には頼らな

いのか」を含めるが、少女たちの多くは「親はいつも『お金ない』と口にしている」「親もいろいろ大変だろうし」等、「親に頼るのは経済的な事情で困難」だと語る。また、「〇〇がしたい／〇〇がほしいのは、私の勝手」として、その願望を達成するプロセスに親を巻き込もうとはしない。例えば、家庭環境に問題を抱え、経済的な理由で高校進学を断念せざるをえない状況で、自分で高校進学の学費を捻出する／塾の受講費用を捻出するために「援助交際」に関与する少女たちに出会ったことがあるが、教育機会を求める願望すら「自分の都合」として、大人を頼らずに乗り越えようとする。

　なぜ、少女たちは親を頼ろうとはしないのだろうか。もちろん、前掲のようにいわゆる「貧困家庭」に育ち、経済的に親を頼ることができないという場合もある。この場合、さらなる教育機会を求める少女と、経済的理由でそれを実現するのが困難だと主張する親との間に軋轢が生じ、願望の実現にむけて親を頼ることはより困難となる。しかし多くの場合は、「お金がない」と口にする親の姿をみて、家庭の経済状況を「生活に困るレベルではないが十分でもない」と認識し、相談することを諦めてしまう。近年、わが国における貧困が社会問題化し、新聞やテレビでも頻繁に報じられているが、情報に触れる機会の多い少女たちにとっても、それは身近な問題として感じられるようである。

　もちろん、「援助交際」に至る全てのケースが、貧困問題に関連するわけではないが、インタビュー調査から見えてきた、親を「頼るべき人的資源」とは考えない少女たちの姿は、早期に経済的自立を果たし、「大人」へと成長しようとする意志の現れのようにも見てとれる。実際には、身体を商品化する行為は、予期せぬ妊娠やSTDへの感染可能性を含めて、大きなリスクをともなう。しかし、そうした「不利益」よりも、労働可能年齢に満たない少女たちにとっての「援助交際」は、親に頼らず自らの力で願望達成を果たす手段として、魅力的かつ合理的な行為として映るのかもし

れない。

　以上のように、少女たちが、いかなる合理性のもとに「援助交際」を選択したのかを考えることで、「援助交際」への関与の責任を個人化する、あるいは個々の道徳性や規範意識を問題化するのとは異なるアプローチが見えてくる。最後に、「援助交際」という行為選択の背景にある合理性に着目することと、「援助交際」からの離脱との関連について考察していこう。

3　「援助交際」からの離脱へむけて

■ "「援助交際」をしない日"を続けていく

　インタビューの際、筆者が必ずする質問に、「いつごろ『援助交際』をやめようと思っているのか」があるが、これに対する少女たちの回答は非常にあいまいである。時には、「年をとれば、いつかは『商品』として値がつかなくなる。そのときが辞めどき」と回答されたこともある。しかし、それほど長く待たずとも、しばらくして、やめていく少女たちが出てくる。それは、進学などによる環境の変化（アルバイトができるようになった、交友関係が変わった・広がった、新たな趣味を見つけた、など）によって、結果として「援助交際」に費やす時間が減り、「いつのまにか、ずいぶん長いこと「援助交際」をしていなかった」というものである。それは、ある種の自然治癒的な離脱である。

　もちろん、このことから「いずれやめるのだから放っておいてよい」という解答を導き出したいわけではない。重要なことは、「やめよう」という強固な意志によって「援助交際」をやめる離脱だけではなく、生活の他の部分が充実することで"「援助交際」をしない日"が続くという離脱があり得るということである。少女たちをめぐる客観的な状況が変わったと

き、「利益」「不利益」をいかに見積もるかも変化し、それにより「援助交際」という行為の合理性が揺らぐのだろう。

■「合理性」を再検討する

　さて、本章で試みた「合理性」への着目は、「援助交際」からの離脱に対して、どのようなアイデアを提供するものだろうか。考えられるのは、少女たちの「利益/不利益」をめぐる解釈によって「援助交際」を妥当とする選択が導き出されているのならば、その解釈自体を変更するアプローチがあり得るということだ。盛山（1992）は、行為選択の基準となる「もたらされた利益は合理的であるか」は、行為者の主観に基づくため、「行為者は「好ましい帰結をもたらすと主観的に思われる選択肢を選択する」というだけである」（盛山 1992、p.7）という。十分な社会経験を持たない少女たちの選択は、あらゆる「利益/不利益」を考慮しているというよりは、少女たちの主観にとどまる範囲で行われている。だとすれば、少女たちの想定しえない「利益/不利益」について考える機会を提供していくことは必要であろう。

　こうしたアプローチは、行為に及ぶ/及んでいる「援助交際」体験者自身を問題化するという視座から距離をおくものでもある。個人の道徳性や規範意識を問題とするアプローチは、問題の原因を「援助交際」体験者の側に帰責するもので、少女の性を商品化する「買う側の問題性」や、「友だち地獄」（土井 2008）と比喩されるような仲間関係の構造的複雑さ、といった外的要因を見逃してしまう。少女たちは「何も考えず気軽に行為を選択する子ども」ではない。事例のＡ子が感じた「友達から仲間はずれにされたくない」「親を頼れない」などの対人関係をめぐる感情、「短時間で高額を得られる」という高揚感、「身体を売ってしまった」という罪悪感は、それぞれＡ子が自らの置かれた立場や状況を考えているからこその「感情」であり、「援助交際」という行為を選択したからといって否定され

るものではない。

　少女たちをとりまくさまざまな「現実」が、「援助交際」という行為を合理的な選択にする可能性があるならば、行為選択における「利益/不利益」をともに考える協働関係を築いていくことが、一つの可能な「介入をめぐる選択肢」として求められているのではないだろうか。例えば、世代や立場の異なる他者から「利益/不利益」がどのように見えているかを考える、少女たちが想定し得ない「利益/不利益」に関する情報に触れる、などである。そして、我々自身が、そうした「対話」が可能な「信頼できる大人」として、少女たちの問題解決にむけたパートナーになることができるのかが同時に求められている。

【文献一覧】

　土井隆義（2008）『友だち地獄：「空気を読む」世代のサバイバル』筑摩書房

　仲野由佳理（2007）「援助交際：「援助交際」体験者のナラティヴ」本田由紀編『若者の労働と生活世界：彼らはどんな現実を生きているか』大月書店、pp.287-328

　仲野由佳理（2010）「「援助交際」体験者の逸脱キャリア」『教育社会学研究〔第87集〕』pp.5-23

　圓田浩二（2001）『誰が誰に何を売るのか？：援助交際にみる性・愛・コミュニケーション』関西学院大学出版会

　宮台真司（2000）『まぼろしの郊外：成熟社会を生きる若者たちの行方』朝日新聞社

　盛山和夫（1992）「合理的選択理論の限界」数理社会学会『理論と方法』〔7(2)〕pp.1-23

　山本功（2014）『逸脱と社会問題の構築』（淑徳大学研究叢書）学陽書房

第11章
学校に入れない子どもたち
～北京市における「農民工」の教育問題

樊　秀麗
(ハン)
(中国・首都師範大学)

<概要>

　日本では、学校に行けない子どもが大きな教育問題(「不登校」問題)ですが、中国の都市では、学校に入れない子どもも問題となっています。中国の研究者、樊は、この問題に取り組んでいます。中国では、戸籍制度の規定で、人々は出身地で義務教育を受けることが決められていますので、「農民工」と呼ばれる都市戸籍を持たない出稼ぎ労働者の子どもは、流入先の都市で、公立学校に入ることができません。そのため、農民工自身が私費で運営する「民工学校」に入れざるをえないのですが、教育環境は劣悪です。近年、農民工の子どもを、公立学校に受け入れさせる政策が、中国政府と地方政府によって講じられてきています。ただ、子どもを公立学校に受け入れてもらうには、「五証」といわれる複雑な書類をそろえる必要があります。それは、農民工の親には、経済的にも、時間的にも困難であり、民工学校に留まらざるをえません。樊の研究チームは、民工学校への長期的なフィールド調査をおこない、農民工の子どもと、都市の公立学校に通う子どもとの間に、教育機会の不平等があることを明らかにしました。早急に対策が立てられることを樊は販要望しています。

事例

　前世紀の90年代から、中国の沿岸地域では、都市化・工業化が急速に進んでいる。それにともない、おおぜいの農民が、出稼ぎ労働者として、内陸地から都市へと押し寄せている。出稼ぎの形態も、単身赴任という一時的な移動から、家族単位での長住型へと、しだいに変化してきている。そういう人たちは、農村から来た労働者という意味で、「農民工」と呼ばれている。

　北京や上海のような大都市では、農民工の流入とともに、小・中学校の学齢期の子どももたくさん流入してきている。例えば北京市では、義務教育段階の農民工の子どもは、2011年秋の新学期開始の時点で478,000人に達している。2000年のデータと比べると、393,000人増加しており、この11年間で、実に4.6倍になっている。

　もともと中国では、戸籍制度の規定により、都市戸籍と農村戸籍は厳密に分けられている。人々は、教育や医療の機会をはじめ、社会保障はそれぞれの出身地で受けることになっている。これは、中国全土で、人口の分布を安定的に保つための政策であった。そのため、都市戸籍をもたないまま都市に流入する農民工は、子どもを、都市の公立学校に入学させることができない。それが、農民工の「教育問題」である。

　小・中学校の義務教育段階の教育のあり方は、子どもたちの人格発達ばかりでなく、社会全体の調和にも、大きな影響を及ぼす。そのため、国家と地方政府は、都市部における農民工の子どもの増加を重大視し、公立学校に入れない子どもの問題を解決するため、相次いで政策を打ち出している。

　例えば、2013年1月13日の新聞『朝聞天下』によると、朝陽区教育委員

第11章　学校に入れない子どもたち　193

会は、民営無認可の18校の「打工子弟学校（略称、民工学校）」[1]を2年以内に閉校にし、約10,000人の農民工の子どもを公立学校に転校させて、よりよい教育条件と、より安全な学校環境を保障するようにと決定した。しかし、朝陽区の2つの「民工学校」で行った筆者らのフィールド調査によると、両校の児童・生徒の多くが、公立学校入学のための条件をクリアすることができずに、引き続き「民工学校」にとどまっている。現在でも、「五証（五つの証明書）」が全てそろっていなければ、子どもたちは公立学校に入学する資格を得ることができない。農民工の子どもの教育問題は、厳しい条件に阻まれて、まだ解決されていない。

■

　本章では、文献資料と、筆者らのフィールド調査資料を用いて、現代中国の農民工の教育を考察していくことにしたい。

1　農民工の子どもと、義務教育政策

　中国の国家教育委員会は、1996年4月に、『都市に流入した学齢児童・少年の就学方法（城鎮流動人口中児童、少年就学辦法）』（試行）を公布している。これは、都市に流入した子どもの教育を対象とした、最初の公文書であり、政府が、農民工の教育問題を重視するに至ったことを示している。さらに1998年3月には、国家教育委員会と公安部が連携して、『流入した子どもの就学に関する暫定方法（流動児童、少年就学暫行辦法）』を公布している。これら2つの法規の公布は、戸籍地で義務教育を受けさせるという従来の制限を緩和し、都市に流入した子どもが、流入地で義務教育を受けることをある程度容認するものであった。

しかし、これらの法規によれば、農民工の子どもが流入地の公立学校に入るには、一定の条件(2)を満たさなければならず、しかも「借読費」(3)の納付も義務づけられていた。

　今世紀に入って、社会のさらなる発展にともない、農民工の子どもを対象とする義務教育政策も、公平性の方向に展開されてきている。2001年5月に、国務院は基礎教育を改善すべく、『基礎教育改革と発展についての決定（関於基礎教育改革和発展的決定）』を公布し、都市に流入した子どもの義務教育問題の解決を、重視する方針を打ち出した。それは、流入地の政府と全日制公立小・中学校が主体となって、多様な方式を活用して、子どもの義務教育を受ける権利を保障するというものであった。この決定により、農民工の子どもが義務教育を受ける基盤が整備され、「入学困難」という問題はしだいに緩和されることとなった。

　さらに同年8月に、北京市人民政府は、『基礎教育改革と発展に関する国務院の決定を貫徹する（貫徹国務院関於基礎教育改革与発展決定的意見）』において、国務院の決定とほとんど同じ内容の通達を出し、農民工の子どもの教育を、流入地の公立学校で行うものとするという基本方針を強調した。それは、余剰校舎や余剰教員を利用したり、専門学校を設置したりするなどの方式によって、市内に合法的に居住している農民工の子どもに、9年間の義務教育を保障するものであった。これによって、北京市は、一定条件を満たす農民工の子どもについては、「借読費」の納付を条件として、公立学校に入学することを初めて認可した。

　2003年9月に、国務院辦公庁は、『農民工の子どもの義務教育を検討する意見について（関於進一歩做好進城務工就業農民工子女義務教育工作的意見）』を教育部、中央編辦（共産党の中央機構）、公安部、発展改革委員会、財政部、労働保障部に送付している。そこには次のように指示されていた。「出稼ぎ農民工流入地の政府は、農民工の子どもの義務教育を、主に全日制小・中学校で保障することに責任を負う。出稼ぎ農民工の子どもを取り

巻く教育環境を改善し、9年間の義務教育が、現地の水準に達するように努めなければならない。」

2004年3月に、国務院財政部は『徴収基準を規定し、農民の収入を促進することに関する通知（関於規範収費管理促進農民増加収入的通知）』を公布しているが、そこでは、「都市部の小・中学校に通う農民工の子どもについて、負担する学費の項目と金額を、現地の生徒と同等に扱わなければならない」という平等原則が付け加えられている。また、国家規則にしたがって、雑費、授業料、寮費及び教科書費を除き、「借読費」や学校選択費などを徴収してはならないことも規定されている。同年8月に、北京市人民政府辦公庁は、通知『農民工の子どもの義務教育に関する国務院辦公庁の意見を貫徹する（関於貫徹国務院辦公庁進一歩做好進城務工就業農民工子女義務教育工作文件的意見的通知）』を市教委など10部門に送付した。そこでは、「北京に出稼ぎのためにやってきた農民工の子どもが、北京市で義務教育を受けるために必要な費用は、北京市に戸籍を持つ生徒と同様に扱い、北京での就労条件を満たす農民工の借読生についても、借読費を免除する」ことが明記された。

これらの一連の政策によって、農民工の子どもが公立学校に入学することを困難にしてきた障害が、徐々に取り除かれていった。

2006年3月に、国務院が公布した『出稼ぎ農民工問題を解決することについての若干意見（国務院関於解決農民工問題的若干意見）』は、都市に流入した子どもが義務教育を受けるために必要な経費の保障を、さらに促進するものであった。そこには、次のような意見が示されている。「受入地の政府は、農民工の下で暮らす子どもの義務教育の責任を引き受けなければならない。農民工の子どもの義務教育を、現地の教育発展計画に組み込み、全日制公立小・中学校が中心となって、農民工の子どもを受け入れなければならない。国家の規則にしたがって、費用の徴収や管理などを、平等に扱わなければならない。農民工の子どもから「借読費」等の費用を徴

収してはならない。」

　同年6月に改正された『中華人民共和国義務教育法』では、第1章第4条に、「あらゆる中華人民共和国国籍を持つ適齢児童、少年は、性別、民族、種族、家庭の財産状況、宗教信仰などに関わりなく、法に基づき、等しく義務教育を受ける権利を有するとともに、義務教育を受ける義務を履行しなければならない」と規定されている。

　さらに第2章第12条では、「両親あるいは法定後見人は、戸籍所在地以外の場所で就労かつ居住するに当たって、就学年齢に達する子どもたちが、その両親または法定後見人の就労地あるいは居留地で教育を受ける場合、地元の人民政府は、その子どもたちが平等に義務教育を受ける機会を提供しなければならない」と規定されている。これは、都市に流入した農民工の子どもが、平等に義務教育を受けるように、国家の法律で、確実に保障しようとしたことを意味している。

　改正教育法の規定を受けて、国務院は、2008年8月に通知『都市義務教育段階の生徒の授業料などを免除することについて（関於做好免除城市義務教育階段学生学雑費工作的通知）』を公布している。これは、出稼ぎ労働者の子どもの就学問題を実際的に解決し、教育の公平性をいっそう促進しようとするものである。この通知はまた、地方の人民政府が、出稼ぎ労働者の子どもの教育を公教育に取り入れるように、要求している。さらにこの通知では、それ以前の政策では不十分であった奨励と監督のシステムを、次のように明確に示している。「中央財政は、都市への出稼ぎ労働者の子女における義務教育問題をうまく解決できた省に、相応の奨励金を支給する。」「教育監督部門は、監督と検査を強化し、都市への出稼ぎ労働者の子どもが雑費を免除され、平等に義務教育を受けられるようにすることを重要な業務とする。」

　2010年には、『国家中長期教育改革と発展計画概要（2010～2020年）国家中長期教育改革和発規劃綱要（2010～2020年）』が、「流入地の政府と全

日制公立小・中学校が主体となって、都市への出稼ぎ労働者の子どもが平等に義務教育を受けられること保障」すべきだ、と再び強調している。

　以上のような政策や法規から見ると、中国政府と中国社会が、農民工の教育問題を重要視し、大きな関心を払っていることが分かる。しかし、これらの政策や法規は、政府が義務を遂行する具体的な手順と、強制性の規定を欠いている。また、改正された『義務教育法』を含めて、安定性と操作性が欠けている。そのため、農民工の子どもが、平等に義務教育を受ける権利を実質的に保障されているかどうかは、依然として不確実である。次節では、農民工の教育の実態を探ることにしたい。

2　農民工の教育の実態

　すでに述べたように、国家および地方政府は、相次いで農民工の子どもの義務教育に関する政策を打ち出し、子どもたちが流入地で義務教育を受ける権利を保障しようと試みてきた。北京市に居住する農民工の子どもは40万人余りいる。そのうち、朝陽区に居住する義務教育段階の子どもは10万人余りおり、その90％が公立学校、もしくは民間の学校に通っている（2012年末）。しかし、残りの10％は、出稼ぎ労働者が自費で設立した簡易学校（「民工学校」と呼ばれる）に通っている。これらの簡易学校の多くは、北京市の都市と農村の接合部に位置している。筆者らがフィールド調査を行った学校の一つ（「WL学校」と呼ぶことにする）を例にすると、この学校は北京市朝陽区の東辛店村に位置している。この村は、多くの流入者が集まる典型的な集落であり、流入人口だけで12,000人余りにのぼるが、公立学校は1校も存在しない。

■「自力での救済」以外に手立てがない

　現在の教育体制では、現地の公立学校がこれらの農民工の子どもを受け入れる余裕はない。「民工学校」が設立されたのは、そうした理由による。この種の学校によって、農民工の教育問題は、ある程度解決されたかに見える。政府は、こうした民工学校を、一方では放置し、他方では厳しく取り締まるという相矛盾する態度で接してきた。ここで特に注意を払わなければならないのは、これらの学校に通う子どもたちの処遇問題である。

　子どもたちは、親にしたがって出生地を出て、出稼ぎ地に移り住むようになった。そのため、どちらの土地に属しているのかが不明確な状態にあり、出生地の政府からも、流入地の政府からも、教育の義務が果たされていない。両政府のこうした対応によって、農民工の子どもは教育を受ける権利を行使できないばかりか、権利を剥奪されている。そうした事情により、農民工の子どもは公立学校に入学することができず、やむなく「自力での救済」として民工学校に入学せざるをえないのである。

　民工学校は、入学制限が少なく、学費が安く、住まいからも近いところにあるものの、その多くは政府の認可を受けていない。しかし農民工は、子どもの就学先として、「民工学校」を選択せざるを得ないのである。WL学校の場合、生徒総数は900名を超えており、農民工の親が絶え間なく入学相談にやってくる。校長は次のように述べている。

　　この村にはこの学校しかありません。いまでもクラスがこれほど混んでいるというのに、親が絶え間なく入学相談にやってきます。私はこう言うのです。「子どもを連れて来られるのであれば、受け入れましょう。しかし、ここに連れて来ることができないのであれば、もうここに子どもをよこさないでください。本当に場所が足りないのです」と。子どもを連れてきたのに断る、というのは忍びないでしょう。(WL学校の校長より、2013.4.9)

民工学校の教育資源は、公立学校と比べることができないほど貧弱である。このことが、この種の学校が将来、都市の通常の教育制度に組み込まれていく時の障害となっている。

■「五証」問題

北京市では、これまでも学籍開放の政策が展開されてきた。しかし、2002年の北京市教育委員会の通知『小・中学校が借読生を受け入れ、管理を強化することについて（北京市教育委員会関於加強中小学校接収借読生管理的通知)』によれば、出稼ぎ労働者の子どもが公立学校に入学するには、①暫定居住証、②実際にその住所に居住していることを示す証明証、③在職証明書、④戸籍所在地郷鎮[4]政府が発行した当地に後見条件がないことを示す証明書、⑤家族全員の戸籍簿の、併せて5つの証明書類を提供しなければならない。さらに、町内事務所が発行する「借読生証明書」を揃えなければならない。

親に学力が不足している場合や、生活費を得るために親が一日中忙しく働いている場合は、これらの「五証」を揃えるのは非常に困難である。実際、「在職証明」を揃えるだけでも大変で、それができないために、多くの農民工が、子どもを公立学校に入れることを断念している。フィールド調査を行った2つの学校の場合、親の多くは自営業者やフリーターで、頻繁に転職している。そのため、規則にしたがって「在職証明」を取得することが困難である。ある親はつぎのように述べている。

公立学校というのは、行きたいと思っても行けるところではありません！「五証」が必要なのです。私たちの頃は、故郷で後見条件がないことの証明書を提出する必要はなかった。しかしその後人から聞いたのですが、今ではこれが必要なのだそうです。それに、こんな商売やっていて、いったい誰がわたしのために在職証明書を作ってくれるでしょう。それほど簡

単なことではないのです。(YC学校二年生生徒の保護者、河南省出身、廃品回収業に従事、2012.12.26)

WL学校は、2013年4月から、子どもが中学校に進学するために必要な書類を、親に準備させ始めている。しかし、これらの書類を取り揃えるには、多くの時間がかかる。この学校に通う6年生のある生徒は、6月の卒業の時点までに、親が中学校進学のための「借読証」を得ることができなかった。そのため、やむなく9月に、子どもを小学校に連れ戻っている。学校が生徒の親に渡した通知によると、次のような書類を準備しなければならなかったのである。

> ＜中学校進学のための要件＞
> 1、「借読証」を得るために必要な書類
>   a. 両親の朝陽区への暫定居住証。暫定居住期間が半年以上であること。
>   b. 朝陽区に実際に居住していることを示す居住証明書（資産財産権証あるいは賃貸契約書）。
>   c. 北京での在職証明書（以下の三種類：労働契約書、招聘契約書、営業許可証）。家族全員が非農業戸籍でない場合は、北京で契約した社会保険（養老保険、医療保険及び失業保険）の証書を必ず提出すること。
>   d. 戸籍所在地に後見条件がないことを示す証明書。
>   e. 家族の戸籍簿（A4サイズの用紙に1ページずつコピーすること）。
> 　　　　　　　　　　　　　　　　　　　　　　（WL学校2013.04.11）

多くの農民工は、これらの証明書を得るための手続きに、多くの時間と費用をかけなければならず、しかもその手続きは順調に進むとはかぎらない。一つの証明書を得るだけでも、数カ月を要するというのが実状である。それが保護者に大きな負担となっていることは、想像に難くない。

■「隠れた費用」の問題

　公立学校が高額の「隠れた費用」を徴収している、という事例もある。北京市人民政府は、すでに2004年に、北京市への出稼ぎ労働者のうち、一定の条件を満たす者について、子どもの「借読費」の支払いを免除することを指示していた。しかし、それを実現する有効なシステムはまだ存在していない。公立学校の一部は、教育の質の保障や、管理上のトラブルの回避などの理由から、高額の費用を徴収している。その実際の狙いは、出稼ぎ労働者の子どもの受け入れ数を減らすこと、あるいは受け入れを拒否することにある。YC学校の保護者に対する聞き取り調査では、以下のような意見が聞かれた。

　　　公立学校に入るのは、それほど簡単なことではない。指示の通りに証明書が揃ったとしても、列に並んで、定員の空きを待たなければならない。よそからやってきた人の多くは、お金を支払い、コネで公立学校に子どもを通わせているのです。お金やコネがあれば、誰が子どもをこんな学校に通わせるものですか？　お金やコネがある人が子どもを公立学校に通わせるから、貧しい人は、ここを選ばざるをえないのです。ここの学費は安いから、給料の少ない家庭は、子どもをこの学校に通わせるのです。しかし、毎日のように先生も代わるし、全然勉強できないというのが実態です（YC学校三年生生徒の保護者、河南省出身、YC学校の近くの工場でアルバイトをする、2012.12.19）。

　煩雑な書類を取り揃えるために、時間と隠れた費用がかかり、規定の要件を満たすことができない人は、公立学校への入学を断念せざるをえないのである。

3 教育を受ける権利の不平等

　1948年に、国連の総会で採択された『世界人権宣言』は、「教育を受ける権利」を人間の基本的権利として明記している。「全て人は、教育を受ける権利を有する。教育は、少なくとも初等および基礎的段階では無償でなければならない。初等教育は、義務的でなければならない。」基本的権利を獲得するためには競争の必要がなく、特別な機会も必要ではない。「教育機会の平等」は、全ての児童が教育機関に入り、学習活動への参加を保障するなど、さまざまな条件が示されている。

　さらに、1989年11月20日に第44回国連総会で採択された『児童の権利に関する条約』の第28条（教育への権利）第1項も、「締約国は、教育についての児童の権利を認めるものとし、この権利を漸進的にかつ機会の平等を基礎として達成するため、特に、初等教育を義務的なものとし、すべての者に対して無償のものとする」と明記している。

　多くの研究者は、教育を受ける権利の平等には、本質的・内在的側面と、形式的・外在的側面があると指摘している。なかでも、20世紀60年代に、アメリカのコールマン（James S. Coleman、1926-1995）は、教育機会均等問題に関する報告書（「コールマン報告」）の中で、次のように述べている。「教育の機会には、ある特定の課程との接触に含まれている。機会が多いか少ないかは、子どもの学習課程のレベルによって決まる。一部の子どもにとっては、課程のレベルが高ければ高いほど、教育の機会を獲得する可能性も多くなる」と。[5] コールマンは、教育を受ける権利と教育機会は、単に形式的・外在的に保障されるだけでは不充分で、本質的、内在的に保障されなければならないと論じたのである。

20世紀90年代には、中国の教育法学の研究者、労凱声は、世界各国の教育法規を概観し、教育を受ける権利の平等が3つの側面を持つことを示している。第1に、就学する権利の平等。すなわち、全て適齢児童に同様の学習機会を提供すること、学校に通うことを可能にすること。第2に、教育条件の平等。すなわち、教育を受ける過程で生徒が享受することのできる教育資源を相対的に平等に投入すること、具体的には、学校の設置条件、教師のレベル、教育経費などの相対的平等。第3に、教育効果の平等。すなわち、全ての生徒が教育を受ける過程で、社会、学校、教師から平等な扱いを受け、彼らの能力の発展に即した教育を享受し、平等な教育効果を獲得すること。[6]

以下では、フィールド調査を踏まえて、労凱声が指摘する3つの側面から、農民工における教育を受ける権利の不平等の問題を、取り上げていくことにしよう。

■ 就学する権利の不平等

中国の改正『義務教育法』は、現地政府が、法的・強制的手段によって、出稼ぎ労働者の子どもに、義務教育の平等な条件を保障すべきことを求めているが、さまざまな理由から、現地の公立学校は、出稼ぎ労働者の子どもの受け入れを拒んでいる。とくに、政府が「借読費」の徴収を禁止する通達を出して以降、出稼ぎ労働者の子どもが都市の公立学校に入学することは、いっそうに困難になっている。

この通達によって、出稼ぎ労働者の子どもは、政府が認可した民間学校に入学しなければならなくなったのだが、そもそもそうした学校の数は少ないし、民間学校である以上、無償で教育機会を提供することはない。多くの場合、出稼ぎ労働者の家計は苦しく、高い学費を支払うことは困難である。仕方がなく、無認可の民工学校を選択せざるをえないのである。

このような学校は、入学条件が緩やかであり、学費も相対的に低い。と

はいえ、低収入の出稼ぎ労働者にとっては、学期ごとに1,600元から1,700元の学費（2013年9月）を納めることは容易ではない。要するに、無償の義務教育の権利を享受できずにいるのであり、不平等である。多くの出稼ぎ労働者の子どもが、教育機会という基本的な権利で、極めて不平等な扱いを受けている。それは大きな問題があると言わざるをえない。

■ 教育条件の不平等

　教育条件の不平等とは、教育資源の分配が不平等になされているということである。それは以下の3つの側面に表れている。

　第1に、学校の設備機器の不備。民工学校は「合法的」な地位を持たないため、政府や関連諸部門から財政的な支援を得ることができない。また、銀行から融資を受けることもできない。そのため、生徒の親が支払う学費のみによって、学校の校舎や設備機器を維持・運営するしかない。このような学校は、標準的な校舎、運動場、机と椅子、照明と採光、トイレ、暖房設備などの基本的な施設・設備を準備するための資金を調達することすら難しい。ましてや、コンピュータ、マルチメディアなどの情報機器を整えることは困難である。学校の教育環境と設備の整備は、公立学校に比べて停滞しがちであり、公立学校に後れをとることになる。目に見えないような安全上の問題も存在している。フィールド調査では、次のようなことも記録されている。

　　担任の先生が初めて私を連れてWL学校五年三組の教室に入ったとき、とても湿っぽく感じ、カビの匂いが鼻をつきました。教室の窓の外に高い壁があるために、通気が遮られていたからです。室内の湿度は非常に高く、採光もよくない。机、椅子の高さもばらばらで、とても込み合っていました（WL学校、五年三組教室、フィールドノート，2013.3.29）。

授業時間終了のベルが鳴った後で、担任の先生が生徒たちに言いました。この休憩の間にトイレに行っても大丈夫ですよ。この休憩は長いし、そんなに混んでないと思うから、行きたい人は行きなさい、我慢しなくてもいいから（WL学校、六年三組教室、フィールドノート．2013.9.5）。

この学校の教育環境と施設と、北京市の公立学校のそれとの間には、非常に大きい格差が存在している。

第2に、学校の教師の力量不足と、流動性の高さ。フィールド調査を行った2つの民工学校で働く教師には、次のような共通の特徴が見られた。

①全員が別の地域から出稼ぎでやってきた教師である。
②多くの教師たちの学歴は、中等専門学校あるいは高等専門学校卒である。
③一部の教師は教員免許状を持っていない。[7]
④教師の流動性が激しい。
⑤教師たちの知識レベルあるいは専門的資質についても、公立学校教師との間に非常に大きな格差が存在している。

教員研修の機会も少ないため、日常の教育活動においても、常識的な誤りを犯すことがあり、不適切な教育方法が、子どもの心身の健康に大きな影響を及ぼすこともある。フィールド調査ではつぎのような声が聞かれた。

国語の先生が黒板に「暴燥」（正しい漢字は「暴躁」）と書き、生徒たちに「この単語あってる？」と質問しました。ある男子生徒がすぐに「違う」と答えると、この先生はその男子生徒に腹を立て、「黙れ、私が自分で答える人を探します、誰があなたに尋ねましたか？」

放課後、国語の先生が黒板に宿題を書いていたとき、ある生徒が小声でひと言話しました。すると先生は怒って、「宿題が何問かは私が決めることだ、君たちの意見はいらない。この答案に親のサインを必ずもらって来

なさい。親に君たちが学校で何を勉強しているのかを知ってもらいたいからだ。それに、家庭でも、親に君たちの学習に責任を持ってもらいたいのだ。親のサインをもってこなければ、どういう罰をうけるか知っているだろう。そして、これから、名前が呼ばれた人、君たちは今まで何度も宿題を提出しなかったから、答案を私のところに持ってきなさい。先生がサインをします。君たちの親が、私にこう言いました。今度子どもが、宿題を提出しなければ、メールで知らせてほしい、そうすれば、家でお仕置きをすると。先生が冗談を言っていると思うなら、試してごらん」(YC学校小学校五年国語授業、フィールドノート，2012.10.17)。

この小学校五年の国語の授業のように、授業が暴力的な発言で満たされることはしばしばある。このような言葉は、単に子どもの学習と人格の発達に悪影響を及ぼすだけでなく、教師が生徒の親に暴言を吐いたことがきっかけに、親子の間に対立が引き起こされることもある。このような教育方式もまた、生徒たちを、都市部の公立学校で行われている通常レベルの教育から大きく引き離すことになる。

また、これらの学校で働く教師たちの多くは、就業年限が3年以下であり、流動性は非常に高い。

第3に、差別現象。都市部の学校に通う多くの農民工の子どもの家庭は、貧困に苦しんでいる。生活習慣の面でも大きな隔たりがある。そのため、教師から差別を受けることがある。授業中、故意に無視されたり、責任の所在が明らかでないまま罰を受けたりする。以下はその一例である。

午後1:20は6年3組の音楽の授業です。音楽の先生は、生徒たちに黒板に書いた歌詞「私たちはいい子だ」を書き写させていました。突然、「出ていけ」という声が聞こえたので、振り返ってみると、音楽の先生が後ろに座っているビビちゃんに向かって叫んでいました。先生はすごく怒って

彼女をにらみつけ、もう一度「立ちなさい。立ちなさいって言っているでしょう。聞こえてる？」と怒鳴りました。ビビちゃんは頭を下げて、何も言えず、立ち上がることもできませんでした。音楽の先生はもっと激しく腹を立て、「出て行きなさい。聞こえてる？　出て行きなさい」と叫びました。クラスメート全員の視線がそこに集まり、ビビちゃんは相変わらず頭を下げ、無言のまま動きませんでした。音楽の先生が前に向かって何歩か歩き、また振り返って、「今後は私の授業に出てはいけません。私の授業であなたを二度と見たくありません。聞こえてる？」と言いました。ビビちゃんは無言のままでしたが、クラスメート全員の視線を浴び、そこではじめて泣き出しました。すると、音楽の先生は、「もしあなたが男の子だったなら殴っていたところだ」と言いました（WL学校六年三組音楽授業、フィールドノート、2013.9.5）。

このビビちゃんに対する処罰の様子からは、この音楽の教師が、原因をよく確かめることもないまま、生徒に暴言を吐いていることが分かる。この種の暴言は生徒の自尊心を傷つけるばかりでなく、生徒から授業を受ける機会を剝奪するものでもある。民工学校を嫌い、あるいは中途退学する生徒も少なくないが、この種の暴言もその要因となっている。

■　教育効果の不平等

農民工の子どもの教育効果は、学力の格差に表れている。農民工の子どもが、都市部の公立学校の子どもと同等の学力を獲得するのは、非常に困難である。基本的な教育施設・設備の不足や、教師の力量不足のため、また学校に対する行政上の管理も不十分であるため、教育環境は劣悪である。

さらに、学校は経費節減のため、一人の教師にあまりにも多くの仕事を課している。例えば体育、美術、道徳などは、他の教科・科目の教師の兼任となっている。そうした業務過多のため、教師は授業の準備や宿題の

チェックに対応し切れず、児童・生徒の学力に関心を払うことができない状況にある。フィールド調査では、つぎのような記録も書かれている。

> これは道徳の授業です。主題は「拒否することを学ぶ」で、主な目的は、ドラッグ、タバコ、お酒、ネットなど、青少年の発達に害を及ぼす非健康なものに出くわしたとき、生徒がこれを必ず拒否できるようになることにあります。「杜冷丁」の話のとき、道徳の先生は黒板に「杜冷丁」と書こうとしたのですが、「杜」の字を「度」と書き間違えました。カンカンという生徒が手を挙げて先生に字の間違えを指摘すると、先生は「ありがとう」と言って、その生徒を座らせました。タバコの中のタールの含有量の話のときに、先生は「量」の下の部分に間違って「力」を書きました。ある生徒がまた彼女の間違いを指適すると、彼女は簡略化して書いたのだと言って、訂正しませんでした（WL学校六年三組、道徳の授業、フィールドノート，2013.9.18）。

ここからは、民工学校の教師が、専門的知識や教育経験を充分に持ち合わせていないこと、それにもかかわらず、多くの授業を担当させられていることが読み取れる。教師たちには研修の機会が与えられておらず、授業研究を行う時間もなく、授業中にミスを繰り返すことになる。

形式的・外面的には、農民工の子どもは、都市の児童・生徒と同様に、教育を受ける機会が与えられている。それにもかかわらず、農民工の子どもと、都市部の子どもとの間には、実際に獲得できる学力に、大きな開きがある。その学力格差が、再び教育機会の不平等を拡大するという悪循環が成り立ってしまっている。結局、学力の格差を取り除くことができない限り、農民工の教育機会の平等を実質的に保障することはできないのである。

4 おわりに

　以上の考察から、農民工の人たちの教育を受ける権利が、形式的にも実質的にも、まだ充分に保障されていないことが分かる。そうした現状を改善するために、現行の教育政策と教育体制のあり方を再考し、農民工の子どもが、流入地において十分な教育機会を保障され、等しく教育を受ける権利を享受できるようにしなければならない。今後の課題を、3点挙げておこう。

　第1に、親の移動にともなって、農民工の子どもが、地方の公立学校から都市の公立学校に容易に転校できるようなシステムが確立されなければならない。そのためには、転校に関わる諸費用を国家財政でまかない、無償の義務教育を確実に保障できるような教育救済制度を整える必要がある。国家は、義務教育経費を負担するとともに、教育経費を公平に使用する責任も負わなければならない。無償教育を提供することは、国家が履行すべき義務であり、個人が教育を受ける権利を保障する上で避けることのできない責任である。

　第2に、現行の教育法制と教育政策体系を整備する必要がある。国家は法律を整備して、農民工に平等な教育を受ける権利を保障すべきである。教育政策の立案に当たっては、権利と責任の所在を明確にし、出稼ぎ労働者とともに流入する子どもの教育問題を解決しなければならない。具体的には、入学者制限の緩和、「五証」による制限の撤廃により、すべての農民工の子どもが義務教育を受けられるようにしなければならない。

　第3に、民工学校の地位を高め、学校の教育環境を改善しなければならない。高い学費、粗末な教育設備などの問題は、民工学校の運営資金の不

足に起因している。民工学校に合法的な地位が与えられれば、政府と関連諸部門の財政的支持を得やすくなるであろう。それは、学校の基盤施設・設備の改善、教師の力量の向上のために不可欠であり、それなしには、農民工の子どもが平等に教育を受ける実質的な権利は保障されないであろう。

農民工の子どもに、教育機会を平等に保障していくには、都市における農民工の社会的適応を妨げている要因を、一つひとつ除去していかなければならない。農民工が、順調に都市生活に適応できるように支援することは、国家の重要な任務である。その際、教育こそが、社会的融合を実現する基本的なルートとなる。融合教育を、いかにして中国の教育体系に明確に位置づけていくかが、目下の課題である。

〔注〕
(1) 出稼ぎ労働者自身の作った簡易学校。
(2) 親または子ども本人の戸籍簿、身分証明、暫定居住証、在職証明、転校証明、計画出産（一人っ子）証明、住所証明、現住所で一定の期間以上居住していることの証明書類を必須の条件とするのが一般的である。
(3) 流入児童に対する特別費用。
(4) 行政区域の郷と鎮。
(5) 科爾曼 (James S. Coleman) (1989)「教育機会均等的観念」、張人杰主編『国外教育社会学基本文選』、華東師範大学出版社、p.180。
(6) 労凱声、1993、『教育法論』、江蘇教育出版社、pp.105-109。労凱声には、日本語による論文「教育機会の平等：中国教育改革の挑戦」(2011)（宮寺晃夫編『再検討　教育機会の平等』岩波書店）がある。
(7) YC学校で働く11名教師のうち、教員免許状を持つ者はわずかに2名のみであった。

第12章
「社会的養護」の課題と問題
～土屋敦著『はじき出された子どもたち』を読む

宮寺晃夫
(筑波大学名誉教授)

<概要>

　保護者がいなかったり、保護者の養育が適切ではなかったりするような子どもを、社会が公的責任で養育するのが「社会的養護」です。宮寺は、土屋敦の労作『はじき出された子どもたち―社会的養護児童と「家庭」概念の歴史社会学』を読みながら、敗戦直後の浮浪児の収容と、近年の虐待児の保護とが、どちらも家庭のあり方を基準としてなされてきていることに注目していきます。子どもが親から保護されなければならない、という反転した状況が現出してきているなかで、社会による支援のあり方がいま問われている、と論じていきます。

1　回想

　わたしは戦時中に生まれたが、敗戦時は満3歳になる少し前だったので、それまでの記憶はほとんどない。ただ母親から、「空襲警報が出ると、おまえに防空頭巾をかぶらせ、背中にくくりつけて逃げた」と繰り返し聞かされていたから、そういうこともあったのかもしれない。そういえば、名前が縫い付けられた防空頭巾が、家のどこかにあったような気がする。
　それと比べると、敗戦後しばらくのことは、断片的ながら記憶にある。食べ物に関わることは特にそうだ。
　生家が東京の郊外にあったため、焼け出されずにすんだが、ご多分にもれず、食糧のたぐいは配給のみで、そまつな食生活を強いられていた。主食は（といっても、たいして副食があったわけではないが）、スイトンとふかしイモの繰り返しだったように思う。
　ちゃぶ台の前に座って、「またオイモ？」などと不平を鳴らすと、すかさず父親から、「ぜいたくをいうなら食うな。おまえなんか、渋谷のガード下から拾ってきてやったんだから」と黙らされた。兄は、学童疎開でひもじい思いをさせられてきたせいか、黙って座って食べていた。

■「渋谷のガード下から」

　父親の決まり文句は、6人きょうだいの5番目のわたしにはかなり真実味があって、身にこたえた。やはりそうだったのか、と思うこともあった。
　もっとも、こうした親のおどし文句には、地方ごとに異なるヴァージョンがあるようだ。九州生まれの妻は、子どものころよく、「カンジンにくれてやる」といわれたそうだ。カンジンとはどういう人のことかよく分か

らないが、民謡「五木の子守唄」にでてくる、「おどまカンジン、カンジン……」のカンジンのことかもしれない。かどづけをする物乞いのことだ。

　妻はカンジンらしき人を見かけたことはないというが、わたしは、長姉に連れられ渋谷に出たとき、道玄坂下の旧東横百貨店沿いに（父親がいうように「ガード下」ではなかったが）浮浪者たちを見た。浮浪児もいた。ハチ公像が再建される前だから、敗戦の翌年の1946年か7年ごろではないかと思う。年かっこうはわたしより少し上で、学校に行っていなければならない子どもたちである。わたしも拾われてこなかったら、こうなっていたのかなと思ったりした。わたしのもっとも古い記憶の一つだ。

　年の瀬には、上野駅の地下道で、大人の浮浪者にまじって浮浪児をたくさん見た。後年、雑誌かなにかで上野の浮浪児の写真を見たことがあるが、わたしの記憶とまさに同じものであった。雑踏のなかではぐれたら、仲間に入れてもらうことになるのだろうか、と不安になったりした。いっそう固く、長姉と手をつなぎなおしたものだ。

■　親がいるということ

　どういうことがあっても、寝る家のない子や、食べさせてくれる親がいない子にはなりたくなかった。その思いは、生き残りの本能にも近かった。「渋谷のガード下から」拾ってきてくれただけでも、ありがたく思わずにいられなかった。

　こうした恩義や依頼心を逆手にとって、親はときとして残酷なこといったり、やったりしてしまう。それが、あらゆる種類のハラスメントに通じるパターンなのかもしれない。親がいるということ、親に食べさせてもらうということは、家庭のあり方との関係で、さまざまな意味に変化していく可能性をはらんでいる。

2　浮浪児と社会的養護

　土屋敦著『はじき出された子どもたち　社会的養護児童と「家庭」概念の歴史社会学』（勁草書房 2014）を読んで、古い記憶や思いが誘いだされた。子どもにとって、家庭とはいったいどういう存在なのであろうか。

　同書はもともと、東京大学大学院に提出された博士論文だというが、敗戦直後の戦災孤児や捨子や家出の実態を生々しく扱っている。孤児の実数は、1948年2月1日の「全国孤児一斉調査」によると123,511人だという。そのなかに、街頭にたむろする浮浪児がふくまれている。かれらは"浮浪児狩り"などで鑑別所に送られ、身元や体質・知能・性格が調べられ、それぞれの施設に回されていった。収容された浮浪児の大半に、複数回の逃亡歴があり、施設は必ずしも居心地のよい場所ではなかったようである。

　本書は、この孤児・浮浪児の捕捉、分類、収容に関する一連の公的手続きを綿密に掘り起こしている。それとともに、子どもたちに向けられた人々のまなざしを追っている。これは現代の社会的養護のあり方にもつながる主題だ、と著者の土屋は見ている。以下では、本書をやや深読みしながら、社会的養護の課題と問題を考えていくことにしよう。

　ちなみに、「社会的養護」とは、現在の厚生労働省によると、つぎのように定義されている。

　「社会的養護とは、保護者のない児童や、保護者に監護させるのが適当でない児童を、公的責任で社会的に養護し、保護するとともに、養育に大きな困難を抱える家庭への支援を行うことです。社会的養護は、『子どもの最善の利益のために』と『社会全体で子どもを育む』を理念として行われています。」（厚生労働省のホームページ）

■ 社会的養護の入れ替わり

　敗戦直後は、家と親をなくし街頭にたむろするほかなかった子どもが、社会的養護の対象であった。いまは、親からネグレクトされたり、虐待されたりして、親に世話をさせるのが「適当でない」とされる子どもも、対象となっている。家があっても、親がいても、「子どもの最善の福祉」は守られないということかもしれない。「子ども」という存在を、歴史縦断的にながめると、家庭に居場所を求めることができない、なんともやりきれない状況が、かつてもいまも続いていることになる。

　どちらの時代の子どもも、親が養育できない（いや養育しない）以上、社会的に養護されなければならない。その多くが行き着く先は、いわゆる里親のほかは、公設・私設の養護施設である。

　ただ施設に収容される子どもは、1960、70年代の高度成長期をはさんで、かつてと今とでは完全に入れ替わっている。敗戦直後に収容された孤児たち（いわば社会から「はじき出された」子どもたち）は、すでに自立し、もうそこにはいない。いま収容されてきているのは、家があり、親もいる子どもである。親がいるにもかかわらず、庇護を受けることができなかったり、親から虐待を受けたりする子どもが、家から引き離されて入ってくる。いわば家から「はじき出された」子どもたちである。

　この入れ替わりに、土屋は社会的養護の歴史的転換を見ている。社会的養護が直面してきた問題は、「＜社会病理＞としての児童問題」から、「＜家族病理＞としての児童問題」に移ってきているというのだ。

■「家庭」からの偏差で

　敗戦直後からたどると、社会的養護の重点項目は、戦災孤児の処遇に始まり、親の所在不明（"蒸発"）による遺棄児の引き取りを経て、こんにち被虐待児の保護へと移ってきている。どの局面においても、社会的養護の

対象は、「家庭」という理念型を標準点にして決められてきた。親が自分
の子どもを家庭で養育するのが当たり前だという標準型からの「偏差」で、
対象となる子どもが選別された。そのため、子どもたちには「逸脱規範」
が向けられやすい。

じじつ土屋によると、大正期から昭和初期にかけて都市中間層のあいだ
で成立した近代的な家庭概念が、第二次大戦直後の孤児たちの処遇にも当
てはめられ、家庭で養育されない子どもは正常値からはずれた存在とみな
された。とくに浮浪児は、虞犯性が疑われ、発達障害や性格異常も推定さ
れたりして、社会防衛の見地から、早期発見・早期収容が促された。

そのさい鑑別のツールとなった「科学的」検査法も、戦前期から用意さ
れていたものが適用されたという。「田中B式知能検査法」や、「内田クレ
ペリン検査」などの心理学的検査法がその例である（これらの心理学的検
査法の形成については、江口潔『教育測定の社会史－田中寛一を中心に－』田
研出版、2010年が詳しい）。

■ 社会防衛のために

敗戦から1年もたたない1946年に、大阪市社会部が実施した調査の報告
（『浮浪児の知能検査報告』）によると、浮浪児たちの知能指数は、一般家庭
の子どもの平均（100）より11ポイント低い89で、知能指数が70から85の
「不良児」が占める割合も、一般家庭の子どもでは12.57％であるのにたい
して、28.6％ときわめて高い。この指数と発現率を、『報告』は、単純労
働に従事している下層階層に属する子どもたちのものと酷似している、と
分析している。

こうした推定に基づいて、浮浪児たちに見られる低知能の傾向は、戦災
そのものによるというより、戦災によって、下層階層の子どもが街にあふ
れでた結果であるとし、その影響が、一般家庭の子どもたちに及ぶことが
ないように、早急な収容策を講じるように要請している（土屋『はじき出

された子どもたち』pp.84-89)。

　戦前から戦後、そして高度成長期以降も、社会は「家庭」の標準型からの偏差で子どもたちを分別し、"ブロークン・ホーム（欠損家族）"の子どもを収容することに関心を持ちつづけてきた。

■「子どもの人権」

　もっとも、浮浪児の収容が社会防衛の見地なされたのにたいして、被虐待児の保護は「子どもの人権」の名の下でなされてきた。そこにはきわだった対照があるようにも見える。しかし、土屋が資料を示して明かしているように、「子どもの人権」言説は、それが流布し始める1960年代の当初から、かなり作為的に用いられてきたふしがある。というのは、戦災孤児の収容を主目的に公的助成を受けてきた養護施設が、孤児たちの自立にともない、収容児童数を減らし、厚生当局より施設の転換と職員定数の削減が求められたときに、養護施設の存続と職員の雇用確保を求めて、「子どもの人権を守るために」というスローガンが掲げられるようになったからである。それは1968年以降のことである（『はじき出された子どもたち』pp.205-217)。

　施設職員の雇用確保が、収容されている子どもの「最善の福祉」のために不可欠であるのは分かりやすい。しかし、職員の雇用確保が「子どもの人権」の名のもとで運動化されたのには、別の事情もはたらいている。

　それは、収容対象を、孤児ばかりでなく、被虐待児にも広げて定員を埋めていく狙いがあったからである。このときにも、「家庭」の標準型からの偏差で被虐待児が収容対象とされたが、そのさいの「家庭」は、もはや家があるか、親がいるかの事実判断の基準ではなく、親が適切な養育をしているかどうかの価値判断の基準となっていた。その適切性の判断基準が、「子どもの人権」が守られているかどうかであった。

　親権、つまり民法で保障された親の監護権より優先する上位の原理がな

ければ、子どもを家と親から引き離すことができない。「子どもの人権」言説は、それを示そうとするものであった。被虐待児の施設への保護・収容が正当性をえるには、もはや、家がない、親がいないという目に見える基準では不充分で、家庭が養育の場として適当ではないという判断を可能にする基準が必要になる。その前提として、親権の絶対性にたいする制限と、「子どもの人権」の優先性が承認されなければならなかったのである。

■「社会全体で子どもを育む」

このように土屋の労作を読んでくると、「子どもの人権」の名の下で、子どもを親の虐待から救いだそうとする議論の危うさを感じずにはいられない。ネグレクトや虐待をする親を標的にした議論は、子育て最中の母親たちにうたがいの目を向けさせ、育児不安に追いやってしまいかねない。

問題は、決して「社会問題」から「家族問題」に移ってはいない。土屋が、『はじき出された子どもたち　社会的養護児童と「家庭」概念の歴史社会学』の結びのところで指摘しているように、個々の事例に見られる「＜家族病理＞としての児童問題」は、じつは、「＜社会病理＞としての児童問題」の表れなのだと見ていくことこそが正しい。

ただ、家族問題を社会問題と見ていくこのとらえ方は、孤立する家族への社会的支援を求める議論を励ますことになるが、同時にまた、家族への社会的介入を呼び込む議論をも誘い出してしまう。社会的支援と社会的介入とは紙一重である。土屋の歴史社会学的分析は、前掲の厚労省の定義にも盛られている、「社会全体で子どもを育む」ことの意味を、あらためて問いなおしているように思える。歴史的・社会的視点を欠如した支援論では、問題の根元はなにも見えてきませんよ、と教えているようにも思える。

あとがき

　2011（平成23）年10月、滋賀県大津市の中学生が自ら命を絶ちました。同級生によるいじめを苦にしてのことでした。2012（平成24）年12月、大阪市の高校生が自ら命を絶ちました。部活の顧問の教師による体罰を苦にしてのことでした。2013（平成25）年4月、横浜市の雑木林で、6歳の女の子の遺体が発見されました。母親の交際相手による虐待で死亡し、遺棄されました。

　このような痛ましい事件が報道されるなかで、本書は執筆されました。

　上の3人の子どもたちは、それぞれ、「いじめ」「体罰」「児童虐待」と呼ばれる暴力の被害者です。これらの暴力は、いずれも一方的で、理不尽なものですが、類似した事件もこれによって引き起こされています。

　本書でわたしたちは、この3人の被害者と同じような苦しみに耐えている子どもたちを、「受難の子ども」と呼びました。そして、「受難の子ども」を生み出し続けている原因を追い求め、それを乗り越える道を、哲学的に、心理学的に、社会学的に、法制度学的に、また歴史的に模索してきました。わたしたちの思索のなかから、今後「受難の子ども」を生み出さないためのヒントを読み取っていただければ、幸せです。

　本書の企画は、もともと原聰介先生（有明教育芸術短期大学学長）からもたらされものです。原先生からは、編集の指針について、貴重な御助言をいただきました。厚くお礼を申し上げます。編集の実務について細やかな御配慮をいただいた一藝社・編集部の藤井千津子氏にも、お礼を申し上げます。

　最後に、本書の編者として各執筆者の仕事をお導きくださった宮寺晃夫先生に心よりお礼を申し上げます。本当にありがとうございました。

2015年1月

執筆者を代表して　　上原　秀一

【編著者紹介】

宮寺晃夫（みやでら・あきお）〔序章・第12章〕
 1942年生まれ
 1973年　東京教育大学大学院教育学研究科博士課程満期退学
 現在：筑波大学名誉教授
 専攻：教育哲学
 主要著書・論文：『リベラリズムの教育哲学：多様性と選択』勁草書房／『教育の分配論：公正な能力開発とは何か』勁草書房／『再検討　教育機会の平等』（編著）岩波書店／『学校教育と国民の形成』（平田諭治・岡本智周との共著）学文社／『教育の正義論：平等・公共性・統合』勁草書房／『教育システムと社会：その理論的検討』（広田照幸との共編）世織書房

【執筆者紹介】

苫野一徳（とまの・いっとく）〔第 1 章〕
    1980 年生まれ
    2010 年　早稲田大学大学院教育学研究科博士課程満期退学
    現在：熊本大学教育学部講師
    専攻：教育哲学
    主要著書・論文：『どのような教育が「よい」教育か』講談社選書メチエ／『勉強するのは何のため？―僕らの「答え」のつくり方』日本評論社／『教育の力』講談社現代新書

石井正子（いしい・まさこ）〔第 2 章〕
    1960 年生まれ
    2011 年　昭和女子大学大学院生活機構研究科生活機構学専攻修了
    現在：昭和女子大学人間社会学部准教授
    専攻：教育心理学・発達臨床心理学
    主要著書・論文：『障害のある子どものインクルージョンと保育システム』福村出版／『発達心理学：保育者をめざす人へ』（編著）樹村房／『児童期の課題と支援』（共著）新曜社

片岡洋子（かたおか・ようこ）〔第 3 章〕
    1955 年生まれ
    1988 年　東京都立大学大学院人文科学研究科博士課程満期退学
    現在：千葉大学教育学部教授
    専攻：教育学（ジェンダー・人権教育）
    主要著書・論文：田中孝彦・佐貫浩・久冨善之・佐藤広美編『戦後日本の教育と教育学』（共著）かもがわ出版／教育科学研究会編『いじめと向きあう』（共著）旬報社／田中孝彦・片岡洋子・山﨑隆夫編『子どもの生活世界と子ども理解』（共編著）かもがわ出版

山名　淳（やまな・じゅん）〔第4章〕
　　1963年生まれ
　　1991年　広島大学大学院博士課程後期単位取得退学
　　現在：京都大学大学院教育学研究科准教授
　　専攻：教育学（教育哲学・教育思想史）
　　主要著書・論文：『ドイツ田園教育舎研究－「田園」型寄宿制学校の秩序』風間書房／『夢幻のドイツ田園都市－教育共同体ヘレラウの挑戦』ミネルヴァ書房／『「もじゃぺー」に＜しつけ＞を学ぶ』東京学芸大学出版会

荒川　麻里（あらかわ・まり）〔第5章〕
　　1974年生まれ
　　2004年　筑波大学大学院博士課程教育学研究科単位取得退学
　　現在：筑波大学人間系助教
　　専攻：教育制度学
　　主要著書・論文：『学校教育の制度と経営』（共著）協同出版／『現代教育制度改革への提言』（共著）東信堂／「ドイツ民法典における子どもの自立性へ親の配慮の明文化過程：「成年年齢の新規制に関する法律」（1974年）を手掛かりに」日本ドイツ学会『ドイツ研究』47号

上原秀一（うえはら・しゅういち）〔第6章〕
　　1969年生まれ
　　1999年　東京学芸大学大学院連合学校教育学研究科博士課程満期退学
　　現在：宇都宮大学教育学部准教授
　　専攻：教育学（教育思想史・比較教育学・道徳教育論）
　　主要著書・論文：田中智志・橋本美保編著『教育の理念・歴史』（共著）一藝社／田中智志・橋本美保編著『道徳教育論』（共著）一藝社／森田伸子編著『言語と教育をめぐる思想史』（共著）勁草書房

庄司一子（しょうじ・いちこ）〔第 7 章〕
    1956 年生まれ
    1984 年　筑波大学大学院博士課程心理学研究科単位取得退学
    現在：筑波大学人間系教授
    専攻：教育臨床学・教育相談・発達臨床心理学・教育心理学
    主要著書・論文：『社会的スキルを測る：Kiss-18 ハンドブック』（共著）川島書店／『社会性発達支援のユニバーサルデザイン』（共著）金子書房／『生徒指導とカウンセリング』（編著）協同出版

日暮トモ子（ひぐらし・ともこ）〔第 8 章〕
    1972 年生まれ
    2009 年　早稲田大学大学院教育学研究科博士後期課程単位取得退学
    現在：有明教育芸術短期大学子ども教育学科准教授
    専攻：教育思想史・比較教育学
    主要著書・論文：長島啓記編著『基礎から学ぶ比較教育学』（共著）学文社／「中国における外国人児童の就学実態と子どもの権利」外国籍児童生徒就学義務研究会編『外国籍児童生徒の就学義務をめぐってⅠ』

田中理絵（たなか・りえ）〔第 9 章〕
    1973 年生まれ
    2000 年　九州大学大学院教育学研究科博士課程修了
    現在：山口大学教育学部准教授
    専攻：教育社会学・発達社会学
    主要著書・論文：『家族崩壊と子どものスティグマ』九州大学出版会／『人間発達論特論』（共編著）放送大学教育振興会／『子どもの発達社会学』（共著）北樹出版

仲野由佳理（なかの・ゆかり）〔第10章〕
　　1979生まれ
　　2011年　東京学芸大学大学院連合学校教育研究科博士課程単位取得退学
　　現在：日本大学文理学部非常勤講師
　　専攻：教育社会学
　　主要著書・論文：「援助交際：『援助交際』体験者のナラティブ」本田由紀編『若者の労働と生活世界』大月書店／「『援助交際』体験者の逸脱キャリア」『教育社会学研究』87号／「少年の「変容」と語り：語りの資源とプロットの変化に着目して」広田照幸・古賀正義・伊藤茂樹編『現代日本の少年院教育』名古屋大学出版会

樊　秀麗（はん・しゅうれい）〔第11章〕
　　1962年生まれ
　　2002年　広島大学大学院国際協力研究科博士課程後期修了
　　現在：中国・首都師範大学教育学院教授
　　専攻：文化人類学・教育人類学
　　主要著書・論文：『大凉山彝族における葬送儀礼と霊魂観を通してみた帰属集団意識の形成』勉誠出版／「大凉山彝族における民族表象と宗教儀礼―動態的帰属集団表象の観点から」長谷川清・塚田誠之編『中国の民族表象―南部諸地域の人類学・歴史学的研究』風響社／「文化の中断・断裂―中国における多文化教育の現状について」山﨑高哉・労凱声編『日中教育学対話Ⅲ―新たな対話への発展・深化を求めて』春風社

受難の子ども いじめ・体罰・虐待
2015年2月10日　初版第1刷発行

編著者　宮寺晃夫
発行者　菊池公男

一藝社

〒160-0014　東京都新宿区内藤町1-6
Tel. 03-5312-8890　Fax. 03-5312-8895
E-mail : info@ichigeisha.co.jp
HP : http://www.ichigeisha.co.jp
振替　東京00180-5-350802

©Akio Miyadera, 2015 Printed in Japan
ISBN 978-4-86359-092-2 C3037　印刷・製本/シナノ書籍印刷㈱
乱丁・落丁本はお取り替えいたします。

一藝社の本

新・教職課程シリーズ［全10巻］
田中智志・橋本美保◆監修

《一流執筆陣による新カリキュラムに対応した新シリーズ、ついに刊行！》

※各巻平均216頁

教職概論
高橋 勝◆編著
A5判　並製　定価（本体2,200円＋税）　ISBN 978-4-86359-065-6

教育の理念・歴史
田中智志・橋本美保◆編著
A5判　並製　定価（本体2,200円＋税）　ISBN 978-4-86359-057-1

教育の経営・制度
浜田博文◆編著
A5判　並製　定価（本体2,200円＋税）　ISBN 978-4-86359-067-0

教育心理学
遠藤 司◆編著
A5判　並製　定価（本体2,200円＋税）　ISBN 978-4-86359-060-1

教育課程論
山内紀幸◆編著
A5判　並製　定価（本体2,200円＋税）　ISBN 978-4-86359-058-8

道徳教育論
松下良平◆編著
A5判　並製　定価（本体2,200円＋税）　ISBN 978-4-86359-066-3

特別活動論
犬塚文雄◆編著
A5判　並製　定価（本体2,200円＋税）　ISBN 978-4-86359-056-4

教育方法論
広石英記◆編著
A5判　並製　定価（本体2,200円＋税）　ISBN 978-4-86359-064-9

生徒指導・進路指導
林 尚示◆編著
A5判　並製　定価（本体2,200円＋税）　ISBN 978-4-86359-059-5

教育相談
羽田紘一◆編著
A5判　並製　定価（本体2,200円＋税）　ISBN 978-4-86359-068-7

一藝社の本

教科教育学シリーズ［全10巻］

橋本美保・田中智志◆監修

《最新の成果・知見が盛り込まれた、待望の「教科教育」シリーズ！》

※各巻平均210頁

01　国語科教育
千田洋幸・中村和弘◆編著
A5判　並製　定価（本体2,200円＋税）　ISBN 978-4-86359-079-3

02　社会科教育
大澤克美◆編著
A5判　並製　定価（本体2,200円＋税）　ISBN 978-4-86359-080-9

03　算数・数学科教育
藤井斉亮◆編著
A5判　並製　定価（本体2,200円＋税）　ISBN 978-4-86359-081-6

04　理科教育
三石初雄◆編著
A5判　並製　定価（本体2,200円＋税）　ISBN 978-4-86359-082-3

05　音楽科教育
加藤富美子◆編著
A5判　並製　定価（本体2,200円＋税）　ISBN 978-4-86359-083-0

06　体育科教育
松田恵示・鈴木秀人◆編著
A5判　並製　定価（本体2,200円＋税）　ISBN 978-4-86359-084-7

07　家庭科教育
大竹美登利◆編著
A5判　並製　定価（本体2,200円＋税）　ISBN 978-4-86359-085-4

08　図工・美術科教育
増田金吾◆編著
A5判　並製　定価（本体2,200円＋税）　ISBN 978-4-86359-086-1

09　英語科教育
馬場哲生◆編著
A5判　並製　定価（本体2,200円＋税）　ISBN 978-4-86359-087-8

10　技術科教育
坂口謙一◆編著
A5判　並製　定価（本体2,200円＋税）　ISBN 978-4-86359-088-5